SILKE WEINIG

EINSAMKEIT ÜBERWINDEN

FREUNDE FINDEN

humboldt

Für meinen Mann Lawrence,
der für mich alles war und ist.

INHALT

HERZLICH WILLKOMMEN!

Liebe Leserin, lieber Leser,

ich fühle mich immer mal wieder einsam, dabei bin ich sehr gerne allein und kann mich gut mit mir selbst beschäftigen. In der Vergangenheit habe ich mich daher oft gefragt, was Einsamkeit ist. Woher kommen diese Gefühle, obwohl ich weiß, dass es Menschen gibt, die mich schätzen und mögen?

In der Bibel steht: „Es ist nicht gut, dass der Mensch allein sei." – Und, es stimmt: Einsamkeit ist wirklich kein schöner Zustand. Gemäß einer Langzeitstudie in 78 Ländern nimmt die Einsamkeit weltweit zu und betrifft immer mehr Menschengruppen. In Deutschland ist die Einsamkeitsquote bei den 45- bis 84-Jährigen zwischen 2011 und 2017 um rund 15 Prozent gestiegen, innerhalb einzelner Altersgruppen sogar um 59 Prozent. Großbritannien hat im Januar 2018 als erstes Land ein *Ministry of Loneliness* (dt. Ministerium für Einsamkeit) eingerichtet, und auch im Koalitionsvertrag der Bundesregierung erscheint Einsamkeit als eine politisch anzugehende Aufgabe.

Mit den Lockdowns während der Corona-Pandemie rückt das Thema Einsamkeit immer wieder in den Fokus. Herrscht, wie Manfred Spitzer in seinem Bestseller „Einsamkeit. Die unerkannte Krankheit" schreibt, tatsächlich eine Einsamkeitsepidemie? Anzeichen dafür gibt es auf den ersten Blick viele: Wir leben in einer Gesellschaft, in der der Individualismus zunimmt, immer mehr Personen in Singlehaushalten leben, die sozialen Kernnetzwerke kleiner werden, die Menschen weniger Kinder haben und gleichzeitig immer älter werden.

Doch ganz so einfach ist es nicht. Zum einen gibt es aktuelle Studien, die besagen, dass wir nicht einsamer sind als vorherige Generationen. Zum anderen ist Einsamkeit ein sehr individuelles Phänomen. So ist sie nicht an die An- oder Abwesenheit von Menschen gebunden. Man kann sich unter Menschen einsam fühlen und hochzufrieden allein sein.

Es gibt allerdings auch gute Nachrichten: Einsamkeit ist kein unüberwindbares Schicksal! Studien belegen, dass man sich von Einsamkeit erholen und befreien kann. Manchmal muss man nur an einer kleinen Stellschraube drehen, und das ungute Gefühl verflüchtigt sich.

Hierzu braucht es eine detaillierte Auseinandersetzung mit der eigenen Einsamkeit: Was ist der Grund für die innere Leere? Warum fühlen wir uns einsam? Liegt es tatsächlich an den (fehlenden) Menschen, die uns umgeben? Wieso reichen die Sozialkontakte scheinbar nicht mehr aus – weder in ihrer Anzahl noch in ihrer Tiefe? Wissen wir überhaupt, was wir uns von unseren Beziehungen wünschen? Worum geht es uns wirklich, wenn wir davon sprechen, dass wir uns einsam fühlen? Und wenn wir das einmal herausgefunden haben – wie gehen wir dann vor, um etwas zu verändern? Um all diese Fragen zu klären, möchte ich mit Ihnen folgenden Weg beschreiten:

Teil 1: Lassen Sie uns zunächst ganz sachlich an die Einsamkeit herangehen. Was jetzt vielleicht nach trockener Theorie klingt, beinhaltet bereits erste Schritte hin zur Selbstreflexion. Je mehr Sie über Einsamkeit wissen – wie sie entsteht, was sie verstärkt und begünstigt –, desto besser können Sie mit und an ihr arbeiten. Das ermöglicht bereits die Entwicklung erster Lösungsideen.

Teil 2: Lassen Sie uns gemeinsam weiter in die Tiefe gehen, um uns selbst, unser Einsamkeitsgefühl und unsere Sehnsucht nach Gemeinschaft und Verbundenheit zu verstehen. Was will ich wirklich? Was wünsche ich mir von den anderen? Was kann und will ich selbst geben? Die Antworten hierzu bilden die Basis, um innere Einsamkeit zu verstehen und schließlich überwinden zu können.

Einen besonderen Fokus lege ich dabei auf Selbststärkung. Denn wenn wir unser Ich von innen heraus stärken, dann unterstützt uns das auf mehreren Ebenen: Wir fühlen uns sicher und sind zudem in der Lage, aus den vielen kleinen Lichtblicken des Alltags Kraft, Zuversicht und Optimismus zu schöpfen. Das macht uns wiederum sympathischer und lebensfroher und erleichtert zwischenmenschliche Beziehungen.

Dieser Schritt ist umso wichtiger, wenn Sie sich im Laufe der Zeit zu sehr an den Zustand der Einsamkeit gewöhnt haben und glauben, einem unausweichlichen Schicksal ausgesetzt zu sein. Oder wenn Sie durch einen Schicksalsschlag eine immense Veränderung erleben und plötzlich Halt, Schutz und Geborgenheit verlieren.

Teil 3: Lassen Sie uns aktiv die Kontrolle über das eigene Leben zurückgewinnen und zurück ins Sozialleben finden. Meine Empfehlungen basieren hierbei auf dem EASE-Ansatz des US-amerikanischen Psychologen und Einsamkeitsforschers John Cacioppo. Das englische Verb *ease* bedeutet so viel wie „Erleichterung“ oder „Linderung“. Es geht bei diesem Ansatz also darum, das Gefühl der Einsamkeit in den Griff zu bekommen und die negativen Auswirkungen des Alleinseins zu lindern. Die einzelnen Buchstaben des Akronyms EASE wiederum stehen für *extend yourself* (den Radius erweitern), *action plan* (aktiv werden), *selection* (selektieren) und *expect the best* (das Beste erwarten).

Ich bin fest davon überzeugt, dass jeder Mensch über die Ressourcen und Fähigkeiten verfügt, die es braucht, um dauerhaft zufrieden zu sein, Ziele zu erreichen, Herausforderungen zu meistern und das Leben zu genießen!

Oftmals reicht es schon aus, einige wenige Stellschrauben neu zu justieren. Suchen Sie sich aus dem bunten Werkzeugkasten in diesem Buch die für Sie passenden Instrumente aus und wagen Sie sich in Ihrem Tempo Schritt für Schritt hinaus in die Welt. Ich weiß selbst, dass das nicht immer einfach ist und manchmal Überwindung kostet, aber ich weiß auch, dass es funktioniert und Ihre Bemühungen belohnt werden.

Ich wünsche Ihnen viel Vergnügen beim Lesen, gewinnbringende Erkenntnisse und gutes Gelingen!

Ihre

TEIL 1: WAS IST EINSAMKEIT?

Einsamkeit – da ist man allein und fühlt sich schlecht. Grob zusammengefasst mag das stimmen, bei genauerem Hinsehen wird jedoch deutlich, dass Einsamkeit viele Facetten hat. Selbstverständlich können Sie direkt zu den hinteren Praxiskapiteln wechseln, dennoch möchte ich Sie einladen, sich zunächst rein sachlich mit der Thematik zu befassen – denn jede Information über Einsamkeit und darüber, wie sie entsteht und sich auf Körper und Geist auswirkt, wird Sie dem Kern Ihres persönlichen Anliegens näherbringen.

Die Facetten der Einsamkeit

In der Psychologie wird Einsamkeit als das wahrgenommene Missverhältnis zwischen den gewünschten Beziehungen und den tatsächlich vorhandenen Beziehungen bezeichnet. Es ist im Prinzip die Feststellung, dass man sich gerne jemandem anvertrauen möchte, aber niemanden zum Reden hat. Dabei handelt es ich um ein subjektives Gefühl, das häufig mit traurigen bis hin zu depressiven Gefühlen verbunden ist und sich darin nachhaltig vom Gefühl des Alleinseins unterscheidet.

Alleinsein beschreibt dagegen den objektiven Zustand, keine Menschen um sich herum zu haben. Dieser Zustand kann zum einen bewusst gesucht werden und zum anderen mit positiven Gefühlen verbunden sein. Viele Menschen genießen das Alleinsein, ohne sich einsam zu fühlen, und nicht wenigen reicht ein einziger guter Freund aus.

Einsamkeit hat verschiedene Facetten. Wenn Ihnen ein liebevoller Partner oder eine beste Freundin fehlt, spricht man beispielsweise von emotionaler Einsamkeit. Dieses Gefühl kann sich auch dann einstellen, wenn Sie ein großes Netzwerk an Freunden und Bekannten haben und dennoch eine emotionale Lücke spüren: Trotz der vielen Leute scheint da niemand zu sein, dem Sie sich anvertrauen können oder dem Sie sich wirklich nah fühlen.

Soziale Einsamkeit wiederum steht für das Fehlen eines tragfähigen Freundes- und Bekanntenkreises. Diese Form der Einsamkeit kann man auch dann erleben, wenn man in einer festen Partnerschaft lebt.

Allein heißt nicht unbedingt einsam

Für Abraham Maslow, Mitbegründer der humanistischen Psychologie, steht das Streben nach „Alleinzeiten" als Teil der Selbstverwirklichung an der Spitze der Pyramide menschlicher Bedürfnisse. Sind alle anderen, grundsätzlicheren Bedürfnisse – z. B. Nahrung, Einkommen und Freundschaft – zuvor gestillt worden, ist man weniger abhängig von äußeren Faktoren. Nach Maslow ist dann der Wunsch nach Zugehörigkeit erfüllt und das Bedürfnis, allein zu sein, entsprechend höher.

Man ist also nicht zwangsläufig einsam, wenn man allein ist – selbst dann nicht, wenn man diesen Zustand oft und gerne sucht. Ich selbst habe ab und an gerne Zeit für mich, um innezuhalten, mich zu erholen und konzentriert auf etwas einzulassen. So kann ich Aufgaben in meinem Rhythmus erledigen und mich dem sozialen Druck einer Gruppe entziehen. Studien zeigen, dass Alleinsein heilsam sein kann, insbesondere wenn wir uns in die Natur zurückziehen.

Alleinzeiten können sogar der Schlüssel für funktionierende Beziehungen sein, da sie es ermöglichen, negative Gedanken und Glaubenssätze in Ruhe zu überprüfen und so zu verändern, dass ein unbefangenes, positives Interagieren mit anderen Menschen möglich wird.

Der US-amerikanische Professor für Psychologie, Kenneth Rubin, hat untersucht, unter welchen Bedingungen die Zeit, die man allein verbringt, als nützlich und lohnend empfunden wird:

- Sie sind freiwillig allein.
- Wenn Sie möchten, können Sie sich jederzeit einer sozialen Gruppe anschließen.
- Sie können Gefühle wie beispielsweise Angst oder Ärger erfolgreich kontrollieren.
- Sie wissen, wie Sie positive und unterstützende Beziehungen mit Ihnen nahestehenden Personen initiieren und aufrechterhalten können.

Ist dies nicht der Fall, erhöht sich das Risiko der Einsamkeit, da Sie sich ohnmächtig und dem Alleinsein ausgeliefert fühlen. Sobald das Gefühl entsteht, die Kontrolle zu verlieren und keinen Einfluss auf die eigene Situation nehmen zu können, verstärkt sich der Eindruck von Ausgrenzung, Ablehnung und Trauer. Diese Gefühle sind weniger bedrohend, wenn Sie sich trotz des Alleinseins einer größeren Gruppe zugehörig fühlen.

EINSAM UNTER MENSCHEN

John Cacioppo, der kürzlich verstorbene, bekannte Einsamkeitsforscher, hat mit seinen Kollegen an den Universitäten von Ohio und Chicago viel über den Ursprung und die Auswirkungen von Einsamkeit herausgefunden. Die Ergebnisse seiner Arbeiten zeigen, dass Einsamkeit nicht automatisch aus dem Alleinsein entsteht. Jedoch kann das Alleinsein eine Spätfolge von Einsamkeit sein und diese verstärken.

Anhaltende Einsamkeit kann selbst kontaktfreudige Personen treffen. Teil einer Paarbeziehung oder Clique zu sein bedeutet nicht zwangsläufig, dass man sich zugehörig und gut aufgehoben fühlt. Zwar gelten Verheiratete statistisch gesehen als weniger einsam, aber auch ein Ehegelübde bietet keine Garantie gegen Einsamkeit (mehr dazu im Kapitel „Eine Partnerschaft schützt nicht vor Einsamkeit" ab Seite 125). Fehlen Aufmerksamkeit und Wertschätzung, kann eine Beziehung das Gefühl der inneren Verlassenheit mehr schüren, als wenn man ohne Partner wäre.

Einsamkeit ist nicht per se schlecht

Zeit, die man nur mit sich verbringt, ist eine Voraussetzung für ein erfülltes Leben. Alleinzeiten lassen unsere Persönlichkeit reifen, weil sie es uns ermöglichen, über uns nachzudenken und Bilanz zu ziehen. Mit uns selbst konfrontiert, werden wir automatisch achtsamer. Im Alltagstrott befinden wir uns meist unter einem sehr hohen Reizniveau, was dazu führt, dass unsere Aufmerksamkeit ständig beansprucht wird. Wir verpassen dadurch viele Eindrücke – Eindrücke, die uns guttäten, uns ausruhen ließen, uns ins Gleichgewicht brächten.

Bewusstes Alleinsein senkt die permanente Reizüberflutung; wir können uns dadurch auf das Wesentliche konzentrieren. Dabei mögen zwar auch negative Erinnerungen und Gedanken hochkommen, aber die haben meist einen kathartischen Effekt. Nicht wenige haben in Momenten der Einsamkeit bedeutende Einsichten. Lebenszusammenhänge werden klar, und die neu gewonnenen Erkenntnisse schaffen Abstand, die uns zu Lösungen und neuen Ideen führen. Alleinzeiten haben viel Potenzial und können uns mehr Zufriedenheit und inneren Frieden schenken.

Einsame Phasen kommen und gehen

Sich hin und wieder einsam und von aller Welt verlassen zu fühlen, ist normal. Jeder erlebt regelmäßig vorübergehende Phasen von Einsamkeit – meistens gehen diese Hand in Hand mit schwierigen Übergangsphasen. Ich habe das zum ersten Mal erlebt, als ich nach dem Abitur als Au-pair nach Frankreich ging. Statt *Savoir-vivre* war in den ersten Monaten allerdings eher Katzenjammer angesagt. Ähnliches habe ich bei Berufswechseln, Umzügen oder Trennungen erlebt.

Doch irgendwann ebbt der Schmerz automatisch ab, und nach einer Phase des Rückzugs wagt man sich vorsichtig wieder hinaus in die Welt. Das gilt sogar für schwerwiegende Umbrüche wie den Tod eines nahestehenden, geliebten Menschen. Machen Sie sich also in einem ersten Schritt bewusst, dass Einsamkeit kein unwiderruflicher Dauerzustand sein muss. Sie haben jederzeit die Möglichkeit, Ihr Leben in die Hand zu nehmen und etwas zu verändern.

Symptome chronischer Einsamkeit

Kurzfristige Phasen von Einsamkeit sind vollkommen normal und kein Grund zur Sorge. Wenn jedoch das Gefühl der Einsamkeit und Isolation zunimmt und langfristig anhält, sollten Sie auf bestimmte Symptome achten und ggf. Maßnahmen ergreifen, um mit chronischer Einsamkeit umzugehen.

Chronische Einsamkeit bedeutet, sich über einen längeren Zeitraum von anderen isoliert zu fühlen. Man empfindet sich als nicht zugehörig und hat das Gefühl, niemanden wirklich zu kennen. Man kann sich niemandem anvertrauen und hat niemanden, dem man besonders nahesteht. Beziehungen zu anderen erlebt man als eher oberflächlich; gleichzeitig ist man jedoch nicht fähig, eine enge Bindung zu anderen herzustellen. Hinzu kommen oftmals tief verwurzelte Gefühle von Unzulänglichkeit sowie ein niedriges Selbstwertgefühl bis hin zu Selbsthass.

Die Anzeichen für chronische Einsamkeit unterscheiden sich je nach Person und Situation. Sollten einige oder alle der folgenden Symptome über einen längeren Zeitraum hinweg auf Sie zutreffen, haben Sie es möglicherweise mit chronischer Einsamkeit zu tun:

- Sie haben keine engen oder besten Freunde. Sie haben niemanden, dem Sie sich anvertrauen können. Zwar kennen Sie einige Leute, aber das sind eher Bekannte.
- Sie fühlen sich unfähig, sich auf einer tieferen, intimeren Ebene mit anderen zu verbinden. Die Beziehung zu Freunden und Familie ist oberflächlich. Sie fühlen sich weder mit den anderen verbunden, noch ist das Zusammensein erfüllend und wohltuend. Es scheint, als könnte diese Hürde nicht überwunden und das Gefühl von Zugehörigkeit nicht entwickelt werden.
- Wenn Sie versuchen, Kontakt zu anderen aufzunehmen und eine Verbindung herzustellen, wird dies nicht erwidert oder Sie werden nicht wahrgenommen.
- Unabhängig davon, wo Sie sich befinden und wer in der Nähe ist, empfinden Sie ein überwältigendes Gefühl von Isolation. Ob auf der Arbeit, im Zug oder bei einem Familienfest: Sie fühlen sich entfremdet und allein. Es ist fast so, als würden Sie sich von außen betrachten, so wie ein Zuschauer beim Theaterstück.
- Sie leiden an großen Selbstzweifeln und empfinden sich als wertlos.
- Es erschöpft Sie sowohl körperlich als auch geistig, mit anderen in Kontakt zu treten oder zu interagieren.

Wie entsteht Einsamkeit?

Einsamkeit kann viele Ursachen haben. Geburtenrückgang, erhöhte Scheidungsrate, der demografische Wandel sowie geografische Mobilität sind nur einige Beispiele. Es gibt immer mehr Singlehaushalte, und soziale Interaktionen finden zunehmend online statt. Bei vielen Hotlines antwortet mittlerweile eine Computerstimme, direkter Kontakt zu echten Menschen wird immer seltener. Das führt dazu, dass immer mehr Menschen zu „Eigenbrödlern" werden und verlernen, Kontakte zu knüpfen und funktionierende Beziehungen zu führen.

Auch einschneidende Lebensereignisse wie der Tod eines nahestehenden Menschen, eine Trennung oder die Diagnose einer schweren Erkrankung können das soziale Netzwerk destabilisieren. Neben körperlichen Problemen und eingeschränkter Mobilität können zudem psychische Störungen wie Depression, Angststörungen oder Schizophrenie zu Einsamkeit führen.

Weitere Risikofaktoren sind Armut und geringe Bildung. Das zeigte unter anderem eine 2017 veröffentlichte Studie der Universität Hamburg. Es wurde untersucht, inwiefern Einkommen, Bildung und Erwerbstätigkeit einen Einfluss auf soziale Beziehungen haben. Das Ergebnis: Armut führt häufig zu sozialer Isolation, denn sie verhindert und limitiert die soziale Teilhabe.

Im Rahmen des Sozio-ökonomischen Panels (SOEP), einer bevölkerungsrepräsenativen Langzeitbefragung in Deutschland, wurde 2017 zudem festgestellt, dass fehlende Erwerbstätigkeit und direkter Migrationshintergrund Prädiktoren für erhöhte Einsamkeit sein können.

Die Vielfältigkeit der Ursachen macht es umso schwieriger, eine chronische Einsamkeit zu diagnostizieren, weshalb Sie besonders gut auf die im vorigen Kapitel beschriebenen Symptome achten sollten.

Wer ist am stärksten von Einsamkeit bedroht?

Es besteht nach wie vor das Gerücht, dass Einsamkeit vor allem älteren, introvertierten oder zurückgezogenen Menschen droht. In Wirklichkeit kann es allerdings jeden treffen – denn unvorhergesehene Umbrüche wie Tod, Trennung oder Jobverlust sind jederzeit möglich.

Es kommt vielmehr darauf an, wie hoch das jeweilige Bedürfnis nach Anschluss und Zugehörigkeit ist. Ist es niedrig, werden Ihnen andere Menschen weniger fehlen. Haben Sie jedoch ständig das Bedürfnis nach Nähe oder machen sich extrem abhängig vom Urteil anderer, dann ist das Risiko einer chronischen Einsamkeit erhöht.

MIT DEM ALTER NIMMT DER FREUNDESKREIS AB

Wissenschaftler der Aalto Universität in Helsinki und der Universität Oxford haben das Anrufverhalten von über drei Millionen Menschen analysiert und kamen dabei zu dem Ergebnis, dass wir mit zunehmendem Alter anfangen, Freundschaften zu vernachlässigen. Gemäß der Studie tauschen wir uns im Alter von 25 Jahren im Schnitt mit 20 Freunden im Monat aus, ab dem 30. Lebensjahr sinkt die Zahl unserer sozialen Kontakte auf 15. Das liegt unter anderem daran, dass die meisten in ihren Dreißigern heiraten und eine Familie gründen, weswegen sie weniger Zeit haben, auszugehen, neue Leute kennenzulernen und Freundschaften zu pflegen.

Oft werden Alter und Einsamkeit als zusammengehörig betrachtet, denn in vielen Fällen nehmen mit den Jahren die Verluste zu und die Freundschaften ab. Studien zeigen, dass sich ältere Menschen heutzutage nicht erheblich einsamer fühlen als ältere Menschen früherer Generationen. Jedoch werden wir im Schnitt immer älter, und damit verlängert sich eine der Phasen im Leben, in denen wir besonders anfällig für Einsamkeitsgefühle sind.

Je älter wir werden, desto stärker beschäftigen uns Themen wie Krankheit, körperliche Einschränkungen oder der Tod, der immer näher rückt und nicht mehr so leicht verleugnet werden kann. Der Verlust des Ehepartners oder anderer lieb gewonnener Menschen dezimiert unseren sozialen Radius schrittweise und konfrontiert uns unweigerlich mit Verlassenwerden und Alleinsein.

Gemäß den Forschungsergebnissen von Susanne Bücker, einer Psychologin, die an der Ruhr-Universität Bochum zum Thema Einsamkeit forscht, fühlen sich in Deutschland je nach Altersgruppe etwa zehn bis 15 Prozent der Bevölkerung manchmal einsam. Bei den über 80-Jährigen liegt der Wert sogar bei etwa 20 Prozent. Demnach laufen wir mit zunehmendem Alter Gefahr, zu vereinsamen. Jedoch betont Brücker, dass es neben der Risikogruppe der über 80-Jährigen noch eine weitere gebe, nämlich junge Erwachsene zwischen 20 und 30 Jahren. Einsamkeit ist also nicht nur ein Phänomen älterer Menschen.

Eine aktuelle Studie des Instituts für Epidemiologie, Biostatistik und Prävention der Universität Zürich kommt zu einem ähnlichen Ergebnis: Ein Drittel der Schweizer fühlt sich allein, wobei der Anteil der 15- bis 24-Jährigen vergleichsweise hoch ist. Fast die Hälfte von ihnen fühlt sich manchmal bis dauernd einsam.

Bei genauerer Betrachtung zeigt sich zudem, dass ältere Personen insbesondere unter der sich verringernden Anzahl der sozialen Kontakte leiden. Es sind an dieser Stelle also eher äußere Faktoren, die Einsamkeitsgefühle entstehen lassen. In der jungen Generation ist es die unzureichende Qualität der Beziehungen, die die Einsamkeit hervorruft. Insbesondere in der Adoleszenz braucht es Feedback aus dem Freundeskreis, um die eigene Identität zu definieren und sich in der Gesellschaft einordnen zu können.

Auch die idealisierten Darstellungen in den sozialen Medien haben einen Einfluss auf unseren Selbstwert und unser Zugehörigkeitsgefühl. Weil sie im Vergleich mit dem fröhlichen Instagram-Partyvolk scheinbar schlechter abschneiden, ziehen sich viele Jugendliche zurück. Darum ist es oft schwierig, Jugendliche und junge Erwachsene aus der Isolation zu holen, denn das Thema ist mit Tabus und Scham belegt. Häufig wird der empfundene Schmerz mit besonderem Einsatz in Schule und Ausbildung überspielt oder die Jugendlichen ziehen sich zurück.

Bei jungen Erwachsenen im Alter von 25 bis 35 Jahren kommt noch ein weiterer Faktor hinzu: Oftmals haben sie schlichtweg keine Zeit, um ihr soziales Netz zu pflegen. In diesem Alter gilt es, zwei wichtige Weichen zu stellen, die zeitintensiv und anspruchsvoll sind: die berufliche Etablierung und die Familiengründung.

Neben dem Alter hat auch unser Charakter einen Einfluss darauf, wie anfällig wir für Einsamkeit sind. Generell unterscheiden sich Menschen darin, wie viele Sozialkontakte sie benötigen, um sich zugehörig zu fühlen. Auch die Reaktion auf Veränderungen innerhalb der Sozialkontakte unterscheidet sich in ihrer Intensität.

Extrovertierte sind tendenziell weniger einsam als Personen, die von Natur aus eher zurückhaltend und introvertiert sind. Menschen, die zu intensivem Grübeln neigen, berichten im Durchschnitt zudem häufiger von Einsamkeit als jene, die emotional ausgeglichen sind.

Sie sehen also, dass es keine eindeutigen Ursachen für Einsamkeit gibt. Die Entstehung des Gefühls von Isolation hat viele Facetten – es kann jeden treffen. Schauen Sie deshalb genau hin und analysieren Sie Ihre individuelle Situation, um herauszufinden, wo genau Sie stehen. Wie das geht, erfahren Sie im Kapitel „Das Leben unter die Lupe nehmen“ ab Seite 39.

Das Problem der Selbstverstärkung

Einsamkeit wirkt wie ein Magnet, der weitere negative Gefühle und Gedanken anzieht. Nicht wenige verfangen sich so in dem Alleinsein und verstärken es damit unbewusst. Das beeinträchtigt unser Denken und Fühlen und verzerrt unsere Wahrnehmung. Die Einsamkeit lässt uns glauben, dass andere uns gegenüber gleichgültig sind und sich nicht für uns interessieren. Ebenso sehen wir bestehende Beziehungen negativer, als sie sind, was uns einen weiteren Grund liefert, uns zu distanzieren.

Das ist der Beginn eines Teufelskreises: Auf der einen Seite schränkt die Einsamkeit unsere kognitiven und emotionalen Fähigkeiten ein, auf der anderen Seite sinkt die Anzahl der Interaktionen mit anderen, sodass wir mit der Zeit verlernen, wie man sich mit anderen Menschen verbindet. Diese verzerrten Wahrnehmungen erzeugen sich selbst erfüllende Prophezeiungen, die uns noch ängstlicher, misstrauischer und auch aggressiver machen. Wir sind davon überzeugt, unerwünscht zu sein, und suchen in unserer Umgebung nach entsprechenden Signalen, die wir mit Sicherheit finden. Gleichzeitig zögern wir, Kontakt aufzunehmen, weil wir mit Ablehnung und Desinteresse rechnen, die wir durch unser verschlossenes Verhalten dann auch tatsächlich erfahren. Infolgedessen ziehen sich viele einsame Menschen noch mehr zurück und isolieren sich, um eine weitere Enttäuschung zu vermeiden.

Das spiegeln auch Experimente wider, bei denen die Teilnehmer dazu gebracht wurden, sich sozial ausgeschlossen zu fühlen. Sie waren danach im Durchschnitt defensiver, selbstzerstörerischer, weniger kooperativ sowie feindseliger und misstrauischer gegenüber ihrem sozialen Umfeld. Hinzu kam, dass sie Heißhungerattacken und anderen Impulsen weniger gut widerstehen konnten sowie beim Intelligenztest schlechter abschnitten. Insgesamt ergibt das eine tückische

Mischung, die langfristig dazu führt, dass der soziale Radius immer kleiner wird.

MEHR KONTAKT = MEHR GLÜCK?

Ja, wir sind soziale Wesen und brauchen Kontakt. Doch die Gegenwart anderer Menschen kann auch zur Belastung werden: Andauernd müssen wir reagieren, uns anpassen und durchsetzen. Ist unser Gegenüber besonders frustriert oder gestresst, kann der negative Funke zudem schnell auf uns überspringen: Stress ist ansteckend. Manchmal reicht es bereits aus, dem hektischen Treiben im Bahnhof oder in der Fußgängerzone zuzuschauen, und der innere Druck steigt. Bei vielen Menschen ist Rückzug die Reaktion auf diese Art der Überforderung. Aus kleinen „Fluchten" können allerdings im Laufe der Zeit große werden, die uns immer mehr von der Außenwelt abschneiden.

Sozialleben zwischen Arbeit und Alltag

Unsere auf Effizienz getrimmte Arbeitswelt wirkt sich nachhaltig auf die sozialen Strukturen aus. Früher kamen Handwerker oder Techniker in der Regel zu zweit, heute kommt häufig nur noch einer, und der steht dann – wie der Großteil der arbeitenden Bevölkerung – unter Zeitdruck.

Die inzwischen weitverbreitete Orientierung hin zu Leistungssteigerung und Erfolg führt unweigerlich zu Einzelkämpfertum und Entfremdung, was wiederum Frust sowie Konflikte am Arbeitspatz nach sich ziehen kann. Menschen, die Führungspositionen erreicht haben, fühlen sich häufig von ihren Kollegen getrennt. Dies ist nicht überraschend, da Eigenschaften wie Unabhängigkeit und Konkurrenzdenken erforderlich sind, um dieses Erfolgsniveau zu erreichen, was wiederum die Möglichkeiten einschränkt, enge und sinnvolle Verbindungen zu Kollegen aufzubauen.

Wenn zwischenmenschliche Bindungen in einem stressigen Berufsleben lediglich als weiterer Punkt auf der bereits überfüllten To-do-Liste empfunden werden, treten viele ebenfalls den Rückzug an. Vereinsamung kann die langfristige Folge sein, denn Beziehungen zu meiden, gibt uns nur eine Scheinsicherheit.

Fehlen zudem soziale Unterstützung, Lob und Wertschätzung innerhalb eines Unternehmens, führt das zu geistiger Trägheit, die die Produktivität beeinträchtigt sowie die Kreativität und Entscheidungsfindung behindert. Bei Menschen, die bereits einsam sind, verstärkt sich dadurch das Gefühl der Isolation. Das wirkt sich auf die Leistung der Mitarbeiter und somit direkt auf die Einnahmen, Ausgaben sowie die organisatorische Leistung eines Unternehmens aus (z. B. durch einen erhöhten Krankenstand). Auf der anderen Seite stärken positive soziale Beziehungen die Mitarbeiterbindung und -produktivität – was sich positiv auf das Endergebnis auswirkt.

Unternehmen täten deshalb gut daran, die Förderung sozialer Verbindungen zu einer strategischen Priorität zu machen, denn Isolation am Arbeitsplatz ist kostspielig. Es zahlt sich buchstäblich aus, in soziale Unterstützung zu investieren, die es sowohl Vorgesetzten als auch Mitarbeitern ermöglicht, sich zu begegnen und auszutauschen. Das gilt umso mehr, wenn verstärkt im Homeoffice gearbeitet wird. Dieses bietet zwar mehr Flexibilität, verringert allerdings das Zugehörigkeitsgefühl, das entscheidend ist für die allgemeine Motivation.

STADTFLUCHT BEI EINSAMKEIT?

Studien aus Deutschland zeigen, dass Städter nicht zwangsläufig einsamer sind als Menschen, die auf dem Land leben. Es ist vielmehr so, dass es regionale Unterschiede gibt. In Berlin fühlen sich beispielsweise überdurchschnittlich viele Menschen einsam, aber das gilt auch für den Süden Bayerns, eine sehr ländliche Region.

Mobilität wird heutzutage großgeschrieben; selten befindet sich das Zuhause am selben Ort wie der Arbeitsplatz. Eine Befragung von Stepstone aus dem Jahr 2018 kam zu dem Ergebnis, dass jeder zweite Pendler in Deutschland pro Weg bis zu 30 Minuten unterwegs ist. 21 Prozent nehmen eine Fahrtzeit zwischen 30 und 45 Minuten in Kauf, und 27 Prozent brauchen sogar mehr als eine Dreiviertelstunde.

Gute Freundschaften brauchen Zeit. Sie müssen sich entwickeln können und gepflegt werden. In Zeiten steigender Flexibilitäts- und Mobilitätsanforderungen verlieren sich Menschen in der Rushhour des Lebens schneller aus den Augen, und die Zeit, die man täglich im Auto oder in der Bahn verbringt, fehlt am Ende für nährende soziale Kontakte.

Erhöhte Scheidungsrate

Die Zahl der Menschen, die allein lebt, steigt stetig an. Seit den späten 1980er-Jahren nimmt die Zahl der Singlehaushalte kontinuierlich zu. Der Soziologe Jan Eckhard von der Universität Heidelberg, der dieses Phänomen erforscht, sieht einen möglichen Grund für die zunehmende Partnerlosigkeit – ob gewollt oder ungewollt – in der Erwerbstätigkeit der Frau.

In den 1950er- und 1960er-Jahren waren Frauen von Männern als Ernährer abhängig. Eine Ehe war ein wichtiges wirtschaftliches Ziel, um sich selbst und die Kinder abzusichern. Seit Frauen sich selbst finanziell versorgen können, ist dieser Aspekt nicht mehr maßgebend. Stattdessen spielen Liebe und Zuneigung eine größere Rolle – beides sind vergängliche Faktoren, was dazu führt, dass Beziehungen heutzutage wesentlich schneller und häufiger beendet werden.

Sich nach einer Trennung oder Scheidung einsam zu fühlen, ist normal. Immerhin hat man mit dem anderen Menschen lange Zeit sowohl Freude und Sorgen geteilt als auch Träume verwirklicht und Pläne geschmiedet. Steht man nun vor dem Scherbenhaufen seiner Beziehung, kommen neben Trauer, Ärger und Wut auch Gefühle von Angst und Einsamkeit auf.

Bei Scheidungen und Trennungen ist es zudem nicht ungewöhnlich, dass man einen Teil seines bisherigen sozialen Umfeldes verliert. Manche Freunde und Bekannte akzeptieren die Trennung nicht, andere wiederum stehen dem Ex-Partner näher. Das gilt in ähnlicher Weise für die Ex-Familie.

Diese Menschen, die bisher ein wichtiger Teil des (gemeinsamen) Lebens waren, können unter Umständen vollständig aus Ihrem neuen Leben verschwinden, was das soziale Netzwerk schlagartig verkleinert.

Zunehmende Individualisierung und Unverbindlichkeit

Einer US-amerikanischen Studie zufolge hat die durchschnittliche Anzahl der sozialen Verbindungen seit 1985 um ein Drittel abgenommen. Sie sind heutzutage zudem weniger vielfältig und erstrecken sich weniger über die Kernfamilie hinaus – im Extremfall ist es lediglich der Partner, mit dem wir unser Leben teilen.

Der zunehmende Wohlstand macht uns weniger abhängig von Familie, Freunden, Verwandten und Gemeinschaften. Das ist einerseits gut, denn es fördert liberale Kulturnormen und befreit uns aus längst überholten Strukturen. Andererseits richten wir in einer individualistischen Gesellschaft vermehrt den Blick auf uns selbst und interagieren dadurch weniger mit anderen. Unseren Selbstwert beziehen wir nicht mehr durch unsere Rolle in der Gesellschaft, sondern durch unsere individuelle Leistung.

Mit jedem Umzug, Arbeitsplatzwechsel, einem neuen Partner oder Kind steigt zudem die Wahrscheinlichkeit, dass man sich von Bestehendem entfremdet. In unserer Gesellschaft mit ihren oftmals fragmentierten Beziehungs- und Berufsbiografien werden aus Freunden somit immer häufiger Lebensabschnittsbegleiter.

Insgesamt nimmt die Bereitschaft, sich zu verpflichten, kontinuierlich ab. Viele möchten zwar Beziehungen und Freundschaften führen, flüchten aber vor zu großer Nähe oder Verbindlichkeit. Man würde gerne im Chor singen, möchte sich aber nicht dazu verpflichten, regelmäßig zur Chorprobe zu gehen. Über die Einladung zur Silvesterparty freut man sich, sagt aber lieber erst einmal nicht zu, denn es könnte ja noch etwas Besseres kommen. Die neue Bekannte ist auf der gleichen Wellenlänge, aber in diese Beziehung zu investieren, kostet Zeit und Anstrengung. Die fehlende Entschlusskraft sowie die oft nicht vorhandene Bereitschaft zur Verbindlichkeit macht es entsprechend schwierig, tiefe und dauerhafte Beziehungen aufzubauen – und zu erhalten.

Social Media: Segen oder Fluch?

Eine Studie der University of Pennsylvania von 2018 kam zu dem Ergebnis, dass Menschen, die weniger Zeit in den sozialen Medien verbringen, entsprechend weniger Einsamkeits- und Depressionssymptome aufweisen. Je mehr Zeit man in den sozialen Netzwerken verbringt, desto größer die Gefahr, sich aus der realen Welt zu entfernen. Bei einer halben Stunde pro Tag müssen wir uns keine Sorgen machen. Bei zwei Stunden pro Tag verdoppelt sich bereits das Risiko, zu vereinsamen. Ist also die zunehmende Verschiebung sozialer Aktionen ins Internet Schuld an der steigenden Vereinsamung?

Gemäß der Einsamkeitsforscherin Susanne Bücker lässt sich statistisch zwar ein Zusammenhang zwischen Einsamkeit und den sozialen Medien finden, es gibt aber bisher kaum Hinweise auf kausale Wirkungszusammenhänge. Es scheint, dass einsamere Menschen vermehrt soziale Medien nutzen – die Nutzung sozialer Medien macht aber nicht automatisch einsamer.

Denn ob soziale Medien Betroffenen aus der Einsamkeit helfen oder sie noch tiefer hineinziehen, hängt davon ab, wie man sie nutzt. Menschen, die sich nicht einsam fühlen, nutzen die Medien dazu, alte Kontakte aufrechtzuerhalten und neue zu knüpfen. Zusätzlich pflegen sie diese Kontakte in der realen Welt.

Wer sich bereits einsam fühlt, neigt hingegen dazu, seine sozialen Kontakte weitgehend in die Onlinewelt zu verlagern. Der Wunsch nach Anerkennung in Form von Likes und Followern führt jedoch eher zum Gegenteil: Man fühlt sich immer weniger zugehörig, da die kurzfristige Bestätigung von Unbekannten wesentlich kürzer befriedigt als die ehrliche Wertschätzung eines guten Freundes.

WOLLEN WIR FREUNDE SEIN?

In Deutschland geben 77 Prozent an, einen festen Freundes- und Bekanntenkreis zu haben. Im Durchschnitt haben wir 3,3 „echte" und 130 Social-Media-Kontakte. Wer umgeben von Freunden alt wird, hat eine um 22 Prozent höhere Lebenserwartung.

Obwohl wir dank Facebook & Co so vernetzt sind wie noch nie und Freunde und Bekannte nur eine kurze Nachricht entfernt sind, übersehen viele User, dass Follower, Fans und Kontakte keine Freunde sind. Digitale Freundschaften sind möglich, aber sie brauchen genauso wie analoge Freundschaften Verbindlichkeit, Tiefgang und

Zeit. Ohne sich vollkommen auf den anderen einzulassen, landet der neue Kontakt im Datenfriedhof.

Soziale Medien können uns also dabei helfen, Kontakte zu pflegen, aber wir können nicht gegen die Einsamkeit anscrollen. Zudem dürfen wir den bunten Bildern, die uns suggerieren wollen, dass andere viel mehr Spaß und Erfolg haben als wir selbst, keinen zu großen Wert beimessen. Mehr dazu finden Sie im Kapitel „Schluss mit dem Vergleichen“ ab Seite 91.

Seelische und körperliche Auswirkungen von Einsamkeit

Wie bereits erwähnt, sind wir Menschen soziale Wesen. Zahlreiche Studien zeigen, wie ungesund es ist, nicht mit anderen Menschen verbunden zu sein. Starke Rücken-, Nacken- oder Schulterschmerzen beispielsweise kommen bei chronisch Einsamen fast dreimal häufiger vor als bei gut integrierten Menschen. Hochgradig isolierte junge Erwachsene leiden zudem zu rund 48 Prozent an Depressionen.

Einsamkeit ist zwar keine Krankheit im eigentlichen Sinne, sie wirkt sich aber als psychische Belastung auf Körper und Geist aus. Zu den typischen seelischen Beschwerden, die mit chronischer Einsamkeit einhergehen, gehören Depressionen, Schizophrenie, Suchterkrankungen, Alzheimer und Demenz. Die häufigsten körperlichen Symptome sind ein schwächeres Immunsystem, Fettleibigkeit, Kopfschmerzen, Herz-Kreislauf-Probleme, ein erhöhtes Schlaganfallrisiko sowie Krebs.

Innerer und äußerer Verschleiß

Unser vegetatives Nervensystem besteht aus dem Parasympathikus und dem Sympathikus. Das sind zwei Nervenstränge, die vom Stammhirn aus parallel verlaufen und an verschiedene Rezeptoren andocken, zum Beispiel an die Muskelzellen der Darmwand, des Herzens oder der Schweißdrüsen.

Sympathikus und Parasympathikus wirken im Körper wie Gegenspieler und aktivieren bzw. hemmen bestimmte Körperfunktionen. Wird der Sympathikus aktiviert, zum Beispiel bei akuter Gefahr, dann steigen Adrenalin und Cortisol im Körper an – man ist plötzlich hellwach. Die Bronchien weiten sich, man ist weniger schmerzempfindlich, die Blutgerinnung beschleunigt sich und die Muskulatur spannt sich an. Außerdem werden die Sinnesorgane aktiviert, der Herzschlag wird schneller und Funktionen wie die Verdauung oder das Immunsystem werden heruntergefahren, um Energie zu sparen.

Nach dem Schreck übernimmt der Parasympathikus wieder das Steuer. Unser Herz beruhigt sich, die Muskulatur entspannt sich und der Blutdruck sinkt. Auch das Immunsystem und die Verdauung nehmen ihre Arbeit wieder auf. Mithilfe des Zufriedenheitshormons Serotonin, das nun ausgeschüttet wird, kommen wir in eine entspannte Stimmung.

Einsamkeit hat zur Folge, dass sich unser persönliches Stresslevel – unter anderem durch ständiges Grübeln und das Misstrauen gegenüber anderen Menschen – dauerhaft erhöht. Wir haben ein anhaltendes diffuses Gefühl von Sorge und sind in einer unruhigen Stimmung. Die Folge von Dauerstress ist ein erhöhter Cortisolspiegel, was den Bluthochdruck fördert, wodurch das Herzinfarktrisiko beträchtlich steigt. Weitere gesundheitliche Probleme, die ein erhöhter Cortisolspiegel verursachen kann, sind Entzündungen, Gewichtszunahme,

Insulinresistenz und Konzentrationsstörungen. Soziale Isolation kann laut einer 2018 veröffentlichten Metastudie die Lebenserwartung ebenso stark beeinflussen wie Rauchen – und sogar stärker als Bewegungsmangel und Übergewicht.

Erhöht sich das persönliche Stresslevel, fällt es uns mit der Zeit immer schwerer, in den erholsamen Parasympathikus-Modus zu wechseln. Ohne Erholung wiederum fällt es uns schwer, kreativ zu sein und eigene Ideen zu entwickeln – vor allem aber spüren wir uns selbst immer weniger. Da passiert es schnell, dass wir ein Ziel verfolgen, ohne wirklich hinterfragt zu haben, ob es tatsächlich mit unseren eigenen Werten und Bedürfnissen übereinstimmt.

Einsame Menschen brauchen zudem vergleichsweise länger zum Einschlafen und erleben ihren Schlaf als weniger erholsam. Da sie sich die unvermeidlichen Widrigkeiten des Alltags mehr zu Herzen nehmen, führt das zu stundenlangem Grübeln – insbesondere am Abend und in der Nacht. Das wiederum macht nervöser, ängstlicher und reizbarer, was die Kontaktaufnahme zu anderen Menschen zusätzlich erschwert.

Wenn wir müde sind und nicht (ein-)schlafen können, bedeutet das ebenfalls Stress. Herz-Kreislauf-Erkrankungen oder Burn-out können die Folge sein. Weitere negative Konsequenzen von Schlafmangel und Müdigkeit sind schlechte Laune, Reizbarkeit, Depressionen, Unfälle und Produktionsfehler. Chronisch schlechter Schlaf schädigt zudem das Immunsystem.

Einsamkeit und Depressionen scheinen sich zudem wechselseitig zu beeinflussen. Laut einer aktuellen Studie mit jungen Erwachsenen weisen einsame Personen eine erhöhte Wahrscheinlichkeit auf, Diagnosekriterien für Depressionen, Angststörungen, ADHS oder Substanzabhängigkeiten zu erfüllen.

Medizinisch begründen lässt sich der Zusammenhang zwischen Einsamkeit und verschiedenen Erkrankungen zum einen durch das vergleichsweise ungesunde Verhalten einsamer Menschen, unter anderem Bewegungs- und Schlafmangel sowie höherer Nikotinkonsum, zum anderen durch biologische Prozesse, die einsame von nicht einsamen Menschen unterscheiden. Dazu gehören wie bereits erwähnt ein erhöhter Blutdruck sowie ein schwächeres Immunsystem.

Je besser also der Zugang zu unserem Selbst ist, desto stärker können wir Einsamkeitsgefühlen entgegentreten und desto geringer sind Symptome wie Angst und Depressionen oder auch Verhaltensprobleme wie Substanzmissbrauch. Zudem sind wir umso stressresistenter, je mehr soziale Unterstützung wir erhalten, was den Kontakt zu anderen Menschen umso wichtiger macht.

Veränderungen im Gehirn

Neuropsychologische Untersuchungen zeigen, dass Einsamkeit einen erheblichen Einfluss auf unser Gehirn hat. Betroffen ist insbesondere der Teil des Gehirns, der als Standardnetzwerk bekannt ist und an Prozessen wie Erinnerungen, Zukunftsplanung, Vorstellungskraft und Nachdenken beteiligt ist.

Bei starken Einsamkeitsgefühlen wird das gleiche Gehirnareal aktiviert, das uns auch körperlichen Schmerz spüren lässt. Einsamkeit als „sozialer Schmerz" tut also genauso weh wie ein aufgeschlagenes Knie oder ein eingeklemmter Daumen. Interessanterweise spüren wir körperlichen Schmerz weniger stark, wenn wir das Foto eines Freundes oder eines geliebten Menschen betrachten.

Zudem können langfristige Gefühle der sozialen Isolation unsere kognitiven Fähigkeiten beeinträchtigen, wie beispielsweise unsere Konzentrations- und Entschlusskraft sowie unsere Kreativität und

Problemlösefähigkeit. Auch negative Selbstüberzeugungen werden durch Einsamkeit verstärkt, was den Teufelskreis weiter befeuert und uns noch mehr nach unten zieht.

Zudem wurden Zusammenhänge zwischen erhöhter Einsamkeit und einer Abnahme der kognitiven Funktionen gefunden, insbesondere des Gedächtnisses. Soziale Isolation ist demnach mit einem höheren Risiko für Demenz verbunden.

Warum gute Freundschaften so wichtig sind

Verbundenheit und Vertrautheit mit einem oder mehreren Menschen sind der Schlüssel zu Gesundheit und einem langen Leben. Außerdem kann ein robustes Netzwerk an guten Freunden und Bekannten als Puffer gegen Stress, Depressionen und Angstzustände dienen. Das Vertrauen, man selbst sein zu dürfen und jemanden ins Vertrauen ziehen zu können, sind unschätzbare Werte, die uns Freude und Halt und unserem Leben einen Sinn geben.

FREUNDE BRINGEN GLÜCK

Der niederländische Persönlichkeitspsychologe Jaap Denissen wertete Daten aus 32 Ländern aus und fand heraus, dass jemand, der mindestens eine Person als seinen Freund bezeichnet, glücklicher ist, über ein höheres Selbstwertgefühl verfügt und sich besser aufgehoben fühlt als jemand, der keine engen Beziehungen pflegt.

Bereits in der Antike beschäftigte man sich ausführlich mit den Zusammenhängen zwischen Vertrautheit und Wohlbefinden – lange bevor moderne Verhaltenswissenschaftler die positiven Einflüsse wohltuender Freundschaften erforschten. So beschrieb Aristoteles bereits vor 2.300 Jahren drei Arten von Freundschaften:

- Freundschaften, die uns nützlich sind (z. B. Geschäftsbeziehungen)
- Freundschaften, die wir zu unserem Vergnügen pflegen (z. B. basierend auf gemeinsamen Interessen oder Hobbys)
- Freundschaften, die durch Tugend begründet sind (enge emotionale Beziehungen)

Für Aristoteles war die letztere Form der Freundschaft die wertvollste, da sie auf gegenseitiger Anteilnahme und Fürsorge beruht. Diese Art von Freundschaft ist bedingungslos und bereichert das Leben. Sie ermöglicht es uns, die kleinen und großen Dinge des Lebens mit allen Sinnen zu begreifen – und sie mit jemandem zu teilen.

Mittlerweile ist der positive Einfluss von Vertrautheit wissenschaftlich mehrfach belegt worden. Menschen, die mindestens eine vertrauensvolle Freundschaft pflegen, weisen einen besseren allgemeinen Gesundheitszustand auf und genesen schneller als Menschen ohne Vertraute. Sie sind seltener von chronischen Krankheiten wie Bluthochdruck, Asthma oder Herz-Kreislauf-Erkrankungen betroffen und sind zudem widerstandfähiger und weniger anfällig für Depressionen oder Ängste.

Bei Frauen verlängert sich die Lebenserwartung um vier, bei Männern sogar um fünf Jahre. Ein Grund hierfür mag sein, dass die Möglichkeit, sich mit jemandem über intime Gefühle und Sorgen austauschen zu können, uns davon abhält, uns in ungesunde Verhaltensweisen zu flüchten.

Interessant ist in diesem Zusammenhang die Studie der Flinders University im australischen Adelaide. Dort haben Forscher Daten aus einer Langzeitstudie ausgewertet, die 1992 gestartet wurde. Im Fokus der Analyse standen das soziale Umfeld, die gesundheitliche Verfassung, der Lebensstil und die Überlebensraten von mehr als 1.500 Personen im Alter von über 70 Jahren. Ein starkes Netz aus freundschaftlichen Beziehungen steigert die Lebenserwartung den Ergebnissen zufolge um bis zu 22 Prozent!

Dieser Überblick über Entstehung und Auswirkungen von Einsamkeit hat Ihnen vielleicht erste Impulse gegeben, um zu erkennen, wo Sie aktuell stehen. Im folgenden Kapitel wollen wir uns genauer ansehen, wie Ihre persönliche Einsamkeit aussieht.

TEIL 2: SELBSTREFLEXION – WAS WEISS ICH ÜBER MICH UND MEINE EINSAMKEIT?

Im ersten Teil dieses Buches haben Sie einiges über die Einsamkeit und das Alleinsein erfahren. Vielleicht sind Sie beim Lesen hin und wieder auf eine Aussage gestoßen, die auch auf Sie zutrifft? Prima! Der Prozess der Selbstreflexion hat bei Ihnen bereits begonnen! Sich mit der Theorie zu befassen, ist wie in einen Spiegel zu schauen: Wie ist denn das bei mir? Was weiß ich über meine Einsamkeit? Wann fühle ich sie? Und wann spüre ich Verbundenheit? Diesen Fragen werden wir im Folgenden auf den Grund gehen.

Starten wir mit uns!

Um sich selbst und auch andere Menschen besser verstehen zu können, müssen gezielte Fragen gestellt werden. Je mehr Sie über sich wissen, desto leichter können Sie mit Hindernissen und Schwierigkeiten umgehen. Das Ziel ist eine Stärkung des eigenen Selbst. Denn je mehr Selbstbewusstsein Sie haben, desto selbstsicherer können Sie sich auch in Beziehungen und sozialen Interaktionen verhalten. Außerdem lernen Sie dadurch, sich selbst zu mögen und zu erkennen, welche Ziele und Bedürfnisse Ihnen wichtig sind.

Ein Ziel zu verfolgen – ganz gleich, ob Sie einen Marathon laufen, Grenzen setzen oder künftig selbstbewusst auftreten möchten – verlangt nach Entscheidungen; für etwas und gegen etwas anderes. Gute Entscheidungen können wir nur dann treffen, wenn wir unsere Bedürfnisse und Ziele kennen. Das führt zwangsläufig zu den Fragen: Was ist mir wichtig? Was ist für mich persönlich richtig und was fühlt sich falsch an? Die Antworten darauf finden wir durch Selbstreflexion.

Sich selbst zu reflektieren bedeutet, das eigene Denken und Handeln kritisch zu hinterfragen, um daraus Konsequenzen und mögliche neue Handlungsalternativen abzuleiten. Es bedeutet nicht, sich selbst für die aktuelle Lage zu verurteilen. Die folgenden Kapitel zielen daher darauf ab, Sie von innen heraus zu stärken, denn die vielfältigen Formen der Selbstverurteilung und Selbstzerstörung hindern Sie nicht nur daran, mit Leichtigkeit auf andere Menschen zuzugehen, sondern auch daran, ein zufriedenes Leben zu führen.

Die Betrachtung des eigenen Spiegelbilds ermöglicht die Stärkung der Selbstakzeptanz und verbessert Ihr Selbstwertgefühl. Sie können somit auf verschiedenen Ebenen eine Menge in Ordnung bringen und Ihre persönliche Resilienz erhöhen.

WAS IST RESILIENZ?

Unter Resilienz verstehen Psychologen die Widerstandsfähigkeit in Krisensituationen und die Fähigkeit, sich trotz erschwerter Bedingungen weiterzuentwickeln. An sich selbst zu arbeiten und sich von innen heraus zu stärken, erhöht sowohl die eigene Resilienz als auch die Fähigkeit, Beziehungen aufzubauen.

Je mehr Sie über Ihre persönliche Einsamkeit wissen, desto leichter können Sie Wege aus ihr herausfinden. Manchmal benötigt es nur einen kleinen Kurswechsel, um wieder Fahrt aufzunehmen. Vielleicht fehlt es Ihnen lediglich an vielfältigeren Kontakten? Oder Sie erkennen, dass die eine gute Freundin ausreicht, auch wenn die sozialen Medien etwas anders propagieren?

Manchmal bedarf es aber auch einer größeren Veränderung, um auf einen neuen und chancenreichen Kurs zu kommen. Vielleicht haben Sie im Laufe der Zeit starke negative Einstellungen und Sichtweisen entwickelt, die Sie besonders empfänglich für Einsamkeitsgefühle machen? Vielleicht warten Sie verzagt darauf, dass andere auf Sie zukommen und Sie aus Ihrer Einsamkeit „retten“? Oder Sie haben so viel Angst, abgewiesen zu werden, dass Sie erst gar nicht aktiv werden?

Sobald Sie herausgefunden haben, wo genau der Schuh drückt, wird es Ihnen wesentlich leichterfallen, die entsprechenden Veränderungen anzugehen und letzten Endes die Einsamkeit zu überwinden.

Wie einsam bin ich eigentlich?

Der folgende Test basiert auf der *UCLA Loneliness Scale* (University of California at Los Angeles Loneliness Scale) und erfasst das Ausmaß der erlebten Einsamkeit. Bitte geben Sie für jede Aussage an, wie sehr Sie ihr zustimmen. Es gibt keine richtigen oder falschen Antworten.

	Nie	Selten	Manchmal	Immer
1. Wie oft fühlen Sie sich unglücklich, wenn Sie Dinge allein tun?	**1**	**2**	**3**	**4**
2. Wie oft haben Sie das Gefühl, niemanden zu haben, mit dem Sie sprechen können?	**1**	**2**	**3**	**4**

3. Wie oft haben Sie das Gefühl, dass Sie das Alleinsein kaum ertragen?	Nie **1**	Selten **2**	Manchmal **3**	Immer **4**
4. Wie oft haben Sie das Gefühl, dass niemand Sie versteht?	Nie **1**	Selten **2**	Manchmal **3**	Immer **4**
5. Wie oft warten Sie darauf, dass andere sich bei Ihnen melden?	Nie **1**	Selten **2**	Manchmal **3**	Immer **4**
6. Wie oft fühlen Sie sich ganz allein?	Nie **1**	Selten **2**	Manchmal **3**	Immer **4**
7. Wie oft fühlen Sie sich nicht in der Lage, mit Ihren Mitmenschen in Kontakt zu treten und zu kommunizieren?	Nie **1**	Selten **2**	Manchmal **3**	Immer **4**
8. Wie oft sehnen Sie sich nach Gesellschaft?	Nie **1**	Selten **2**	Manchmal **3**	Immer **4**
9. Wie schwer fällt es Ihnen, neue Leute kennenzulernen?	Leicht **1**	Eher leicht **2**	Schwer **3**	Sehr schwer **4**
10. Wie oft fühlen Sie sich von anderen ausgeschlossen?	Nie **1**	Selten **2**	Manchmal **3**	Immer **4**

Auswertung

Die Gesamtpunktzahl wird berechnet, indem die Punktzahlen der einzelnen Antworten addiert werden. Der durchschnittliche Einsamkeitswert für die Messung beträgt 20. Ein Wert von 25 oder höher spiegelt ein hohes Maß an Einsamkeit wider. Eine Punktzahl von 30 oder höher steht entsprechend für ein sehr hohes Maß an Einsamkeit.

Wie interpretieren Sie Ihr Ergebnis? Welche Gedanken kommen auf? Wie würden Sie Ihr Gefühl der Einsamkeit basierend auf dem Ergebnis beschreiben? Geht es mehr um den Mangel an Kontakten oder vermissen Sie eher die Tiefe? Was fehlt Ihnen, wenn Sie an die Beziehungen in Ihrem Umfeld denken? Wo spüren Sie Fülle und Zufriedenheit?

Wie viele Freunde braucht der Mensch?

Wir alle sind von Natur aus soziale Wesen, und dennoch unterscheiden wir uns darin, mit welcher Anzahl von Menschen wir uns am wohlsten fühlen und wie wir uns die Interaktionen mit sowie die Rückmeldungen aus unserem Umfeld vorstellen. Der eine braucht eine große Clique, dem Nächsten reicht eine einzige enge Bezugsperson, ein anderer bevorzugt ein Gemisch aus guten Freunden und einigen Bekannten. Wir unterscheiden uns sowohl in unserem Bedürfnis nach körperlicher und emotionaler Nähe als auch darin, wie wir unsere Beziehungen gestalten.

Allerdings ist sich nicht jeder seiner eigenen Bedürfnisse bewusst. Der Blick in die Medien kann uns stark verunsichern: Was ist normal? Wie viele Freunde sollte man haben? Filme und Serien wie *Friends*, *Gilmore Girls* oder *Sex and the City* werden zum Vorbild: Die Protagonisten haben nicht nur einen festen, unerschütterlich loyalen Freundeskreis, sondern auch einen schier endlosen Bekanntenkreis und – um das Ganze noch zu toppen – scheinbar unendlich viel Zeit, um sich empathisch und intensiv um all diese Menschen zu kümmern. Utopie oder Realität?

Der britische Wissenschaftler Robin Dunbar von der Universität Oxford hat analysiert, mit wie vielen Menschen wir aktiv in Kontakt sein können. Er kam dabei auf einen Durchschnitt von 150 Personen. Mehr könne das menschliche Gehirn nicht verarbeiten, so Dunbar. Die Resultate seiner Forschung kann man sich wie eine Dartscheibe vorstellen: In der Mitte befindet sich der Kern mit den für uns wichtigsten Menschen, die uns sehr nahestehen und auf die wir uns verlassen können. Im Durchschnitt sind das fünf Personen, zu denen Partner, Familie und enge Freunde gehören.

Der nächste Ring beinhaltet etwa 15 Menschen, die uns vertraut sind und die an unserem Leben Anteil nehmen. Wir stehen mit ihnen in regelmäßigem Kontakt und unterstützen uns gegenseitig. Der folgende Ring beinhaltet etwa 50 Personen, darunter Freunde und Verwandte, mit denen wir uns regelmäßig austauschen – jedoch in größeren Zeitabständen und weniger intim. Im darauffolgenden Ring befinden sich die verbliebenen ca. 80 Personen. Das ist unser aktives Netzwerk, zu dem auch Nachbarn, Arbeitskollegen oder Vereinsfreunde gehören.

Laut Durban nutzen wir etwa 22,5 Stunden zur Pflege unserer Beziehungen. 40 Prozent dieser Zeit widmen wir unserem engsten Freundeskreis, die restlichen 60 Prozent werden auf alle weiteren Bekannten verteilt. Er fand zudem heraus, dass die Größe der einzelnen Gruppen über die Jahre relativ stabil ist. Hat man sich einmal auf einen Kern von fünf engen Bezugspersonen eingependelt, bleibt man meist auch dabei. Jedoch können sich die Personen innerhalb des Kerns mit der Zeit ändern: Wir lernen neue Menschen kennen und verlieren andere aus den Augen.

Das sind lediglich Durchschnittswerte, die nicht unbedingt etwas über Ihr persönliches Bedürfnis nach Nähe und sozialen Kontakten aussagen. Was Sie sich merken dürfen ist, dass es vollkommen normal ist, einen eher kleinen inneren Kreis zu haben. Dennoch lohnt es sich, genauer hinzusehen und herauszufinden, was genau Sie brauchen, um erfüllte Beziehungen zu führen.

Das Leben unter die Lupe nehmen

Ohne zu wissen, welche Muster uns das Leben schwer machen, haben wir kaum die Möglichkeit, die Reißleine zu ziehen und etwas zu verändern. Egal was wir im Leben neu gestalten oder loswerden wollen: Wir müssen uns erst einmal selbst durchschauen und unseren Bedürfnissen auf den Grund gehen, bevor wir konkrete Maßnahmen einleiten und ins Handeln kommen können.

Die meisten Menschen können zwar mit Leichtigkeit sagen, was sie nicht wollen, aber wenn es darum geht, zu definieren, was sie wollen, erscheint ein großes Fragezeichen auf ihrer Stirn. Doch wenn Sie nicht wissen, was Ihnen wirklich am Herz liegt und Ihnen etwas bedeutet, wie wollen Sie dann Ihrem Leben eine Richtung geben? Nur wenn Sie Ihr Warum kennen, können Sie herausfinden, wer zu Ihnen passt und warum Sie sich in Ihrem aktuellen Bekanntenkreis nicht zu Hause fühlen. Nur wenn Sie wissen, was Sie brauchen, können Sie nach Menschen suchen, die zu Ihnen passen.

Vielleicht fürchten Sie sich davor, zu wissen, was Sie wollen, weil Sie glauben, dass Sie sich und Ihren Handlungsspielraum dadurch einschränken? Lassen Sie mich Ihnen versichern, dass genau das Gegenteil der Fall ist: Ihre Bedürfnisse zu kennen und ein konkretes Ziel vor Augen zu haben, ermöglicht es Ihnen, Ihr Leben mit mehr Sinn zu füllen und sich vor allem vor fremden Zielen und Urteilen zu schützen. Wenn wir gestresst, verletzt oder einsam sind, verengt sich unser Blickfeld und wir werden empfänglich für fremde Ideen. Wir suchen nach Anerkennung und entfernen uns dadurch häufig von unseren eigenen Zielen, was uns langfristig noch unglücklicher macht.

Beobachten Sie sich deshalb wertungsfrei und lassen Sie sich nicht entmutigen, wenn Ihnen manche Ergebnisse Ihrer Analyse missfallen. Seien Sie versichert: Egal zu welcher Erkenntnis Sie kommen – es bringt Sie in jedem Fall weiter! Je besser Sie sich kennen, desto weniger laufen Sie Gefahr, in unnötige Fallen zu tappen und zu lange den falschen Zielen hinterherzujagen. Lassen Sie uns nun gemeinsam herausfinden, was Sie wirklich wollen.

Was will ich wirklich?

Manchmal sieht man den Wald vor lauter Bäumen nicht und fragt sich, wo man mit dem Aufräumen beginnen soll. Das Gefühl der Einsamkeit legt sich wie ein grauer Schleier über alle Lebensbereiche. Eine Bestandsaufnahme kann Ihnen dabei helfen, zu entscheiden, mit welchem Bereich Sie starten können. Sie zeigt außerdem, wo alles in Ordnung ist – denn nur sehr selten liegt alles im Argen, auch wenn es sich manchmal so anfühlt.

Für diese Übung brauchen Sie ein Blatt Papier und einen oder mehrere – ggf. verschiedenfarbige – Stifte. Malen Sie einen Kreis mit zehn Ringen auf das Blatt und unterteilen Sie ihn wie einen Kuchen in acht Teile. An jeden Teil schreiben Sie nun außen einen Lebensbereich: persönliche Entwicklung, Familie, Freunde und Beziehungen, Beruf und Karriere, Finanzen, Hobbys und Wohlergehen, Gesundheit und Fitness, Spiritualität.

Gehen Sie nun in Ruhe die einzelnen Bereiche durch: Ist alles zu 100 Prozent in Ordnung, dann malen Sie den jeweiligen Bereich vollständig aus. Wenn Sie das Gefühl haben, dass in einem Bereich etwas fehlt, dann malen Sie das Kuchenstück etwas weniger aus. Folgen Sie dabei Ihrer Intuition – so bekommen Sie einen klaren Überblick über den Istzustand.

Entscheiden Sie sich anschließend für einen Bereich, mit dem Sie starten wollen. Ich empfehle, mit einem Bereich zu beginnen, der ungefähr zur Hälfte ausgemalt ist. Denn es ist wissenschaftlich erwiesen, dass wir mittelschwere Ziele am besten erreichen. Ist die Aufgabe zu schwierig, schmälern sich die Erfolgsaussichten und wir geben auf. Ist die Herausforderung zu leicht, dann fehlt die Motivation.

Sobald Sie sich einen Bereich ausgesucht haben, können Sie mit der Interpretation beginnen. Stellen Sie sich dazu folgende Fragen:

- Wie erkläre ich mir dieses Ergebnis?
- Was bräuchte es, damit ich die Fläche 20 Prozent mehr ausfüllen kann?

- Was müsste geschehen, damit ich den Bereich vollständig ausmalen kann?
- War die Fläche schon einmal ausgefüllt(er)? Was war damals anders?
- Woran würde ich merken, dass alles stimmt in diesem Bereich?
- Angenommen, eine gute Fee würde mir drei Wünsche erfüllen, um diesen Lebensbereich zu verbessern. Was würde ich mir wünschen?
- Wenn eine andere Person – egal ob fiktiv oder real – mein Ergebnis sehen würde, was würde sie mir raten?
- Was gelingt mir in diesem Bereich? Worauf blicke ich zufrieden zurück? Was könnte verstärkt oder wiederholt werden?

Was leiten Sie aus Ihren Erkenntnissen ab? Was können Sie konkret tun, um Ihre Situation zu verbessern? Vielleicht sogar schon heute? Schreiben Sie Ihre Gedanken ungefiltert auf – denn aus den Ideen, die auf den ersten Blick banal oder sogar verrückt wirken, entstehen oftmals die besten Lösungsansätze. Und lassen Sie sich bloß nicht entmutigen, wenn Ihnen die Musterlösung nicht sofort wie Schuppen von den Augen fällt. Selbst die kleinsten Erkenntnisse sind viel wert.

Überlegen Sie nun, welche Erkenntnisse Sie angehen können. Was lässt sich auf Ihren Alltag übertragen und direkt umsetzen? Falls die Hürden allzu groß wirken, können Sie überlegen, ob Sie die eine oder andere Idee in Teilschritten umsetzen können. Es ist gut, langsam zu starten – Hauptsache Sie machen den ersten Schritt, und ist er noch so klein. Rom wurde auch nicht an einem Tag erbaut.

Die eigenen Schatten kennenlernen

„Das passiert mir immer wieder.“ Kennen Sie diesen Gedanken? Scheinbar tritt man immer wieder in denselben riesigen Fettnapf und ärgert sich maßlos über sich selbst – aber ist das wirklich notwendig? Manchmal überschattet ein Aspekt unserer Persönlichkeit unsere Wahrnehmung und unser Verhalten: Sind wir von Natur aus eher ängstlich, werden wir unsere Welt entsprechend negativ wahrnehmen. Wenn wir hingegen ein eher optimistisches Wesen haben, wird auch unser Blick auf unser Leben entsprechend positiv sein.

Da Schatten insbesondere in engeren Beziehungen (Freunde, Familie, Kollegen) stärker zum Vorschein kommen als in flüchtigen Begegnungen, lohnt sich die sogenannte Schattenarbeit. Sie hilft uns dabei, Persönlichkeitsaspekten, die wir verdrängen oder ablehnen, auf die Spur zu kommen und sie liebevoll in unsere Persönlichkeit zu integrieren. Dadurch lernen wir, uns selbst zu akzeptieren und uns von zu hohen Ansprüchen zu befreien. Wenn wir mit uns selbst im Reinen sind, fällt es uns leichter, auch andere Menschen mit ihren Ecken und Kanten anzunehmen.

Schatten sind Persönlichkeitsanteile, die wir aus Angst vor Ablehnung nicht zeigen wollen und deshalb verdrängen. Manche Menschen verwenden unbewusst so viel Zeit und Energie darauf, diese Anteile derart unter Verschluss zu halten, dass ihnen am Ende die Kraft fehlt, um das Leben zu führen, das sie sich wünschen. Wir können unsere Schatten aufspüren, indem wir über Folgendes nachdenken:

- Welche Verhaltensweisen, Gewohnheiten und Ticks erkennen wir bei uns, die automatisch und unbewusst ablaufen und bei denen wir uns ohnmächtig oder als Opfer der Umstände fühlen? Beispielsweise, wenn wir eigentlich Sport machen wollten, und uns dann doch wieder auf der Couch liegend wiederfinden. Dann ärgern wir uns über unseren inneren Schweinehund, dabei kann der gar nichts dafür. Wir projizieren lediglich einen ungeliebten Persönlichkeitsaspekt auf ihn und verdrängen dabei unsere Eigenverantwortung.
- Haben wir Vorbilder oder Idole, die Eigenschaften repräsentieren, denen wir aus falscher Bescheidenheit abgeschworen haben? Das kann auch jemand sein, den Sie durch eine rosarote Brille sehen und dadurch idealisieren. Eine Schwester beispielsweise, die ein Sprachentalent ist, weswegen Sie sich nie getraut haben,

Italienisch zu lernen. Oder den sportlichen besten Freund, dessen eiserne Disziplin vor einem Wettkampf jeden Gedanken Ihrerseits an eine kleine Joggingrunde lächerlich erscheinen lässt.
- Auf welche Menschen bzw. Eigenschaften reagieren wir sehr empfindlich? Wo sitzt das größte Konfliktpotenzial? Oftmals triggert uns bei anderen Menschen genau das, was wir bei uns selbst zu unterdrücken versuchen.

Schatten sind nicht per se negativ. Jeder von ihnen hat einen Sinn und das Potenzial von schöpferischer, nützlicher Energie. Die Auseinandersetzung mit seinen Schatten zeigt also auch immer das eigene Licht. So unangenehm Wut sein kann, so setzt sie gleichzeitig Energie frei, die wir beispielsweise benötigen, um Grenzen zu setzen und Unrecht zu beseitigen.

Es ist also ratsam, auch die Anteile in unsere Persönlichkeit zu integrieren, die nicht unbedingt zu unseren Lieblingseigenschaften zählen. Bei der Schattenarbeit geht es deshalb nicht um Selbstoptimierung, sondern um Selbstakzeptanz und Selbstbestimmung. Überlegen Sie, welche positiven Eigenschaften die Schatten aufweisen, die Sie bei sich entdeckt haben. In welchen Situationen war diese vermeintliche Schwäche eine große Stütze oder Hilfe?

Anschließend können Sie darüber nachdenken, wo Sie Ihren Schatten bewusst und gewollt einsetzen könnten. Wann wäre er Ihnen nützlich? Falls Sie Ihrem Schatten einen ganz neuen Rahmen geben möchten, dann empfehle ich Ihnen, ihn mit dem Instrument „The Work“ wie einen Glaubenssatz zu bearbeiten. Mehr dazu finden Sie ab Seite 56

Sobald Sie Ihre tiefsten Wünsche kennen und Ihre scheinbar negativen Eigenschaften als Teil von sich akzeptiert haben und vielleicht sogar wissen, wie Sie sie gewinnbringend einsetzen können, haben Sie den ersten Schritt in die richtige Richtung getan. Sie kennen sich nun besser und wissen, wonach Sie in einer Freundschaft suchen und welche Eigenschaften Sie selbst mit in die Beziehung bringen. Das erleichtert die Suche um ein Vielfaches.

Negative Gefühle sind okay

Hadern auch Sie manchmal mit Ihren negativen Gefühlen? Wenn Sie vor lauter Angst, etwas Falsches zu sagen, den Mund nicht aufbekommen? Wenn die Trauer Sie derart übermannt, dass Sie sich nur noch verkriechen wollen? Oder Sie so sauer sind, dass Sie selbst merken, wie unmöglich Sie sich benehmen? Es gibt Momente, da wäre man gerne wie Commander Spock aus *Star Trek*, der rein von Logik geleitet und frei von negativen Emotionen ist.

Glücklicherweise geht das nicht! Mister Spock fährt zwar nie aus der Haut, allerdings weiß er auch nicht, wie es sich anfühlt, wenn man übersprudelt vor Glück. Nur wer negative Gefühle zulässt, kann die positiven voll auskosten. Emotionslos zu sein heißt nicht, dass man rein sachlich ist. Es bedeutet, dass einen absolut nichts berührt. Dabei sind unsere Gefühle wichtige Anhaltspunkte, die uns dabei helfen, unsere Handlungen zu steuern. Sie zeigen uns, was gut ist und was fehlt. Sie treiben uns an, etwas zu tun oder zu lassen.

Unsere Emotionen ermöglichen uns einen schnellen Zugang zu unseren Vorlieben und Abneigungen: Das Grummeln im Bauch, das uns zur Vorsicht mahnt, der Kloß im Hals, wenn wir gestresst sind, das aufgeregte Herzklopfen, wenn wir jemanden kennenlernen, der uns gefällt. Der Volksmund spricht vom Bauchgefühl, in Wahrheit aber nutzen unsere Emotionen unseren gesamten Körper, um sich mitzuteilen.

Somit ist klar: Jedes Gefühl hat seinen Sinn – auch die negativen. Sie warnen uns vor Gefahren, lassen uns genauer hinschauen, sorgfältiger planen, und sie motivieren uns. Außerdem dienen sie als

Kontrast, damit wir die Schönheiten des Lebens bewusster wahrnehmen. Egal ob Ärger, Neid, Unzufriedenheit oder Angst: Wir brauchen unsere negativen Emotionen und sollten daher lernen, sie zu akzeptieren und sie vielleicht sogar wertzuschätzen.

In einer Untersuchung mit 365 Probanden im Alter von 14 bis 88 Jahren haben Psychologen des Berliner Max-Planck-Instituts für Bildungsforschung herausgefunden, dass wir weniger an den körperlichen und psychischen Auswirkungen negativer Gefühle leiden, wenn wir einen Wert in unangenehmen Emotionen sehen. Schließen Sie deshalb Frieden mit Ihren negativen Gefühlen. Es ist keine Lösung, schlechte Gefühle zu verdrängen oder zu betäuben, denn:

- Das ständige Abwehren zehrt an den Nerven und raubt uns die Kraft für schönere Dinge.
- Die aufgestauten Emotionen verschaffen sich nach einiger Zeit auf andere Weise Luft – Sie explodieren.
- Sie verstärken sich, je mehr wir gegen sie ankämpfen.

Besser ist es, sich im Moment des negativen Gefühls bewusst zu machen, dass es sich lediglich um ein Gefühl handelt. Das schafft Distanz und lässt es automatisch abklingen. Im Gegensatz zur Stimmung, die sich wie eine Hintergrundmelodie unauffällig über alles legt, was wir erleben und empfinden, vergehen Gefühle sehr schnell – in der Regel nach etwa sieben Minuten. Deswegen spricht nichts dagegen, sie zuzulassen.

Steigt beispielsweise Trauer in Ihnen auf, dann seien Sie traurig. Indem Sie sie zulassen, verliert die Trauer ihre Macht und wird Sie nicht weiter nach unten ziehen. Vermeiden Sie es allerdings, sich in ein negatives Gefühl hineinzusteigern, denn das schränkt Ihre Realitätswahrnehmung massiv ein.

Denken Sie an den Teufelskreis der Selbstverstärkung: Wenn Sie sich in Selbstmitleid suhlen oder Ihre Angst mit Katastrophenmeldungen füttern, dann werden Sie nur noch ängstlicher, misstrauischer oder auch aggressiver. Dann suchen Sie in Ihrer Umgebung automatisch nach den passenden Signalen, die Ihre Vermutungen bestätigen: dass die anderen Sie meiden, niemand Sie mag oder Sie allein besser dran sind. Um ein gesundes Verhältnis zu Ihren Gefühlen zu entwickeln, können Sie wie folgt vorgehen:

1. Im ersten Schritt geht es darum, negative Gefühle wahrzunehmen und zuzulassen. Be- bzw. verurteilen Sie sich dabei nicht, sondern beobachten Sie, was dieses Gefühl mit Ihnen macht. Manchmal hilft es, sich vorzustellen, man würde sich mit den Augen eines anderen betrachten: „Wie fühlt sich diese Person gerade?“
2. Im zweiten Schritt fangen Sie an, über Ihre Gefühle zu sprechen, sie zu beschreiben. Wenn Sie mögen, können Sie Ihre Gedanken zunächst aufschreiben. Auch hier können Sie die Vogelperspektive einnehmen: „Warum fühlt sich diese Person gerade so?“ Beginnen Sie anschließend damit, anderen Menschen Ihre Gefühle mitzuteilen. Fangen Sie auch hier wieder klein an, beispielsweise mit der wichtigsten Bezugsperson.
3. Nachdem Sie geübt haben, Ihre Gefühle wahrzunehmen und sie zu kommunizieren, gilt es, Ihre Bedürfnisse einzufordern. Wenn Sie sich beispielsweise in der Vereinssitzung ständig übersehen fühlen, dann sprechen Sie es an. Wenn Sie sich mehr aufbauende Worte von Ihrem Partner wünschen, dann sagen Sie es ihm. Hierbei kann Ihnen die sogenannte SAG-ES-Formel helfen, die Sie auf Seite 162 finden.

Raus aus dem Stimmungstief

Im Gegensatz zu Gefühlen, die teilweise sehr intensiv sein können, aber in der Regel schnell verfliegen, ist unsere Stimmung ein ständiger Begleiter. Sie ist zwar unauffällig, legt sich aber über alles, was wir wahrnehmen und empfinden. Bei schlechter Stimmung ärgern wir uns über Banalitäten, übersehen das Positive und suchen überall nach dem Haar in der Suppe. Mit guter Laune geht uns hingegen alles leicht von der Hand – selbst Probleme oder Schwierigkeiten können uns nichts anhaben.

Unsere Laune kann im Tagesverlauf wechseln und braucht meistens keinen speziellen Auslöser, so wie es bei unseren Gefühlen der Fall ist. Sie kann ebenfalls lang anhaltend sein und sogar chronisch werden. Sicherlich kennen auch Sie Menschen, die Sie insgesamt als eher optimistisch und frohgemut wahrnehmen, oder aber als schlecht gelaunt und pessimistisch.

Wir sind allgemein kontaktfreudiger, kreativer und offener, wenn wir gut gelaunt sind. Für unser seelisches Wohlbefinden und unsere körperliche Gesundheit lohnt es sich also, ab und zu eine rosarote Brille aufzusetzen. Dabei geht es allerdings nicht darum, dauerhaft gut gelaunt zu sein – denn wie wir bereits gelernt haben, haben auch negative Gefühle und Stimmungslagen ihre Vorteile. Zudem werden wir durch übertriebenen Optimismus unaufmerksam, naiv und übersehen möglicherweise Risiken. Es ist also absolut in Ordnung, auch mal mit dem falschen Fuß aufzustehen oder beim Anblick der Steuererklärung nicht in Euphorie zu verfallen.

SUCHEN SIE SICH HILFE

Wer sich häufiger traurig, niedergeschlagen und hoffnungslos fühlt, sollte versuchen, Klarheit über die Auslöser seines Stimmungstiefs zu gewinnen und sich ggf. fachlichen Rat suchen. Stecken Stress oder ähnliche Ursachen hinter der Niedergeschlagenheit, droht die Gefahr einer depressiven Erkrankung.

Sprechen Sie also mit Ihrer Ärztin oder einem Therapeuten, wenn Ihnen Ihre Einsamkeit schwer zu schaffen macht. Insbesondere chronische Einsamkeit beschränkt sich nicht nur auf das Gefühl sozialer Isolation und Entfremdung von anderen. Es ist oft mit anhaltenden und tief verwurzelten negativen Überzeugungen verbunden, die im schlimmsten Fall zu anderen medizinischen und emotionalen Problemen führen können. Wenden Sie sich an einen Experten und vertrauen Sie sich jemandem an.

Wir wissen heute, dass wir unsere Stimmung bewusst beeinflussen können. Dabei sind es oftmals relativ simple Stellschrauben (z. B. Grundbedürfnisse wie Hunger, Durst, Schlaf und Erholung), an denen es zu drehen gilt, um unmittelbare Resultate zu erzielen. Achten Sie daher in erster Linie auf eine ausgewogene Ernährung, gönnen Sie sich ausreichend Schlaf und Pausen und bewegen Sie sich, so oft es geht – eines der besten Mittel gegen schlechte Laune ist Bewegung.

Bemerken Sie bei sich schlechte Stimmung, können bereits einfache Tätigkeiten wie zum Beispiel Putzen, Aufräumen oder andere Hausarbeiten dabei helfen, sich Erleichterung zu verschaffen. Vielleicht hören Sie dabei Gute-Laune-Musik oder erinnern sich an schöne Erlebnisse. Auch optimistische Gedanken wie „Das wird schon“ können emotionale Abwärtsspiralen ausbremsen. Und je besser die Grundstimmung ist, desto optimistischer blicken wir in die Zukunft und desto leichter lassen wir uns auf neue Begegnungen und Kontakte ein.

Auch mit der richtigen Ernährung können wir unsere Stimmung positiv beeinflussen. Vor allem Nahrungsmittel mit einem hohen Tryptophan-Anteil (z. B. Cashewkerne, Parmesan, Feigen, Datteln, Eier, Bananen und Fisch), auch *Mood-Food* genannt, machen uns leistungsfähig und fröhlich, während sich beispielsweise Junk Food und allzu salziges Essen eher negativ auf unsere Laune auswirken. Mehr dazu finden Sie im Kapitel „Die Rolle der Ernährung“ ab Seite 75.

Sorgen und Grübeln

Sich Sorgen zu machen, ist normal und gehört zum Alltag dazu. Bedenklich wird es erst, wenn trübe Gedanken und übertriebene Sorgen Überhand nehmen. Man kommt nicht mehr zur Ruhe, ist ständig angespannt und hat Konzentrations- sowie Schlafstörungen. In diesem Fall lohnt es sich, genauer hinzusehen.

Es gibt Sorgen, die bringen Klarheit und Orientierung. Sie zeigen uns, dass sich etwas verändern muss. Bei chronischen Schmerzen motivieren die Sorgen dazu, zum Arzt zu gehen. Bei schlechten Noten können Sorgen den Betroffenen zum Lernen bringen. Es kommt immer darauf an, wovon die Sorgen handeln und wie sehr man sich von ihnen einschränken lässt.

Sobald die Sorgen unseren Alltag behindern, ist es höchste Zeit, etwas dagegen zu tun. Die Folgen von übertriebenen Sorgen sind Anspannung, Herzrasen, Schwitzen, Zittern, schnelle Atmung, Konzentrationsprobleme und Schlafschwierigkeiten. Nicht nur der Betroffene leidet, sondern auch sein Umfeld.

Ständiges Grübeln bedeutet zudem, in der Vergangenheit zu leben. So kommt man zu keinen neuen Einsichten oder Handlungsmöglichkeiten. Die Frage „Warum?“ zieht Sie nur weiter runter. „Wie?“ und „Was?“ zu fragen, ist hingegen proaktiv. „Wie konnte es zu diesem Missgeschick kommen?“ und „Was kann ich daraus lernen?“ – diese Herangehensweise hilft dabei, den Blick nach vorn zu richten und Lösungen zu finden. Statt nach dem Warum zu suchen und Zeit zu verlieren, können Sie aktiv werden, an Ihren Gedanken arbeiten und Ihr Verhalten verändern. Wie das geht, erfahren Sie im Kapitel „Das Zürcher Ressourcen Modell“ ab Seite 106.

Die Psychotherapeutin und Sozialpädagogin Amy Morin unterscheidet zwei Formen grüblerischer Denkmuster: das Wiederkäuen und das permanente Sorgen. Beim Wiederkäuen werden vergangene Situationen immer wieder analysiert, während man sich beim permanenten Sorgen Situationen ausmalt, die noch in der Zukunft liegen. Beide Denkmuster verhindern, dass die Person im Hier und Jetzt leben und ihr Leben genießen kann.

Viele unserer Gedanken kreisen um Dinge, die wir nicht beeinflussen können. Mehr noch: Sie führen zu nichts! Was bringt es, sich heute darüber zu sorgen, ob man einmal schwer krank sein könnte oder im Alter ein Pflegefall? Kann die eigene Flugangst verhindern, dass das Flugzeug abstürzt, in dem man sitzt? Stoppen die negativen Gedanken über das Wetter die Klimaerwärmung? Solange Sie Ihre trüben Gedanken ausschließlich um die eigene Angst kreisen lassen, führen sie zu nichts. Handeln ist gefragt!

Versuchen Sie zunächst, mit der Angst umzugehen, also das Gefühl zuzulassen. (Wie das geht, erfahren Sie im Kapitel „Negative Gefühle sind okay“ ab Seite 45) Überlegen Sie anschließend, was die Gründe für dieses Gefühl sind: Wie ist es zustande gekommen? Was hat es getriggert? Sind die Sorgen berechtigt? Was können Sie aktiv beeinflussen? Was ist ggf. übertrieben oder unnütz? Mit den folgenden sieben Schritten können Sie lernen, Ängste zu ergründen und loszulassen:

1. Machen Sie sich bewusst, dass Sie gerade nachdenken: Allein das Erkennen des aktuellen Grübelns kann dabei helfen, aus der Gedankenspirale auszusteigen. Sobald Sie merken, dass Sie unnützen Gedanken nachhängen, können Sie diese wie Wolken am Himmel weiterziehen lassen, um Platz für neue, wohltuende Gedanken zu schaffen.
2. Werden Sie zum Beobachter Ihrer Gedanken: Stellen Sie sich vor, Sie wären ein Adler, der über dem Geschehen kreist. Schauen Sie sich Ihre Gedanken von außen an, ohne sie oder sich zu verurtei-

len. Sie schaffen damit eine Distanz zu den Gefühlen und Gedanken. Das erleichtert es Ihnen, sie sachlich zu analysieren. Sie werden feststellen, dass Zweifel und Ängste so an Macht verlieren.

3. Erinnern Sie sich an ähnliche Situationen: Oftmals malen wir uns Situationen schlimmer aus, als sie dann tatsächlich sind. Statt vor einer Reise nachts wach zu liegen und sich zu fragen, was passiert, wenn man den Flieger verpasst, kann man sich fragen, was man in einer ähnlichen Situation gemacht hat, als man zum Beispiel seinen Anschlusszug verpasst hat. Ging da die Welt unter? Wie haben Sie das Problem gelöst?
4. Aufschreiben und analysieren: Schreiben Sie Ihre Angst auf, und dann fragen Sie sich: Was wäre, wenn? Lassen Sie Ihrer Fantasie freien Lauf und malen Sie sich das Worst-Case-Szenario bis ins kleinste Detail aus. Was wäre, wenn Sie im Badeurlaub ein Hai attackiert? Wenn Sie auf dem Nachhauseweg überfallen werden? Oder wenn der Ätna genau dann ausbricht, wenn Sie auf Sizilien sind? Überlegen Sie sich anschließend, wie hoch die Wahrscheinlichkeit ist, dass sich Ihr ausgewähltes Szenario tatsächlich so zuträgt. Was können Sie jetzt dagegen tun? Wie können Sie sich ggf. darauf vorbereiten?
5. Nutzen Sie Ihre Lieblingsentspannungsmethode: Unter Stress und Druck lässt es sich schwer denken. Für die Lösungsfindung ist es besser, ruhig und entspannt zu sein. Kommen Sie bei einem Spaziergang im Wald zur Ruhe? Mögen Sie klassische Musik oder Meditation? Hilft es Ihnen, zu bügeln oder Sudokus zu lösen? Oder schmusen Sie lieber mit dem Kater? Egal, was Sie darin unterstützt, sich wieder in Balance zu bringen: Tun Sie es!
6. Stoppen Sie das Gedankenkarussell: Bei Sorgen und Ängsten können sogenannte Wenn-dann-Pläne Abhilfe schaffen. Diese Pläne, auch bekannt als Intentionspläne, können als Methode zum Umgang mit unerwünschten Automatismen eingesetzt werden und Ihnen dabei helfen, neue Routinen zu erlernen. Sie kreieren in unserem Unbewussten eine klare Verbindung von einem auslösen-

den Stimulus zu einem bestimmten Verhalten. Sie unterstützen uns dabei, kritische Situationen schneller zu erkennen und unmittelbar so zu handeln wie geplant, ohne lange überlegen zu müssen. Wenn Sie sich also gerade unnötig belastende Sorgen machen, dann könnte ein solcher Wenn-dann-Plan lauten: „Wenn ich mir Sorgen um die Gesundheit meiner Kinder mache, dann atme ich dreimal tief in den Bauch ein und aus.“ Oder: „Wenn vor meinem inneren Auge die altbekannten Horrorszenarien auftauchen, dann klatsche ich in die Hände.“ So halten Sie das Gedankenkarussell bewusst an, unterbrechen die Gedankenspirale und können sich anschließend angenehmeren Dingen zuwenden. Mehr zur Erstellung von Wenn-dann-Plänen finden Sie im Kapitel „Das Zürcher Ressourcen Modell“ ab Seite 106.

7. Denken Sie bewusst in eine andere Richtung: Lenken Sie Ihre Aufmerksamkeit ganz bewusst auf etwas anderes, entweder auf das genaue Gegenteil oder ganz woandershin. Sie haben Angst, auf jemanden zuzugehen? Stellen Sie sich vor, wie sehr sich diese Person freut, von Ihnen angesprochen zu werden. Sie machen sich Sorgen um Ihre Gesundheit? Tagträumen Sie sich an einen schönen Südseestrand. Unser Gehirn kann nicht unterscheiden, ob wir etwas wirklich erleben oder nicht. Sie können sich also selbst „austricksen“ und sich den Alltag mit schönen Gedanken und wohltuenden Gefühlen angenehmer gestalten.

Ich und die anderen

„Scheinbar lerne ich nur die falschen Leute kennen.“ „Die Kollegen übersehen mich regelmäßig.“ „Meinem Mann bin ich gleichgültig.“ „Susanne ruft nur an, wenn sie was von mir braucht.“ Solche und ähnliche Sätze kommen Ihnen vielleicht bekannt vor. Aber welchen Anteil haben Ihr Umfeld und die Gesellschaft tatsächlich an Ihrer Einsamkeit? Und welche Rolle spielen Sie selbst?

Es ist durchaus möglich, dass Sie nicht die richtigen Menschen um sich haben. Jedoch muss ebenfalls überprüft werden, welche Ansprüche Sie an andere haben und ob diese Erwartungen gerechtfertigt sind. Niemand ist grundsätzlich unfähig, Freundschaften und Beziehungen zu pflegen. Jeder hat das Potenzial, die richtigen Freunde zu finden. Hilfreich ist dabei, sich mit der eigenen Bindungsgeschichte vertraut zu machen.

Unsere Erfahrungen aus der Kindheit haben eine prägende Wirkung auf unsere Beziehungsfähigkeit, ebenso wie auf unsere Stressresistenz und Gesundheit. Die Bindungstheorie von John Bowlby geht davon aus, dass man sich weniger einsam fühlt – und das Alleinsein sogar genießt –, wenn man sich grundsätzlich geborgen fühlt. Je weniger sicher, angenommen und geliebt man sich fühlt, desto beunruhigender ist die Abwesenheit einer Vertrauensperson. Dabei kommt unseren frühesten Bezugspersonen, allen voran unseren Eltern, eine sehr wichtige Rolle zu. Die Resonanz zwischen Kind und Vertrauensperson stellt die Weichen für spätere zwischenmenschliche Beziehungen.

Wenn die Bedürfnisse eines Kindes feinfühlig wahrgenommen und erfüllt werden, fühlt es sich umsorgt und beschützt. Daraus entsteht ein generelles Vertrauen in Beziehungen, auch über diese Bindung hinaus. Wenn sich das Kind geliebt und angenommen fühlt, entwickelt es zudem die Überzeugung: „Ich bin okay!“ Das stärkt seine innere Stabilität und fördert seine autonome Entwicklung. Es darf selbstständig sein und wird gleichzeitig geliebt.

Es lernt dadurch, dass es zwischenmenschlichen Beziehungen nicht ausgeliefert ist, sondern dass es diese aktiv mitgestalten kann. Es muss zum Beispiel nicht unter allen Umständen brav und lieb sein, um seiner Mutter zu gefallen, oder in der Schule mit Bestleistungen glänzen, um die Liebe seines Vaters zu bekommen.

Ein Mangel an emotionaler Versorgung sorgt hingegen dafür, dass man als Erwachsener Schwierigkeiten hat, anderen zu vertrauen und sich auf jemanden einzulassen. Man wünscht sich Bindung und misstraut ihr gleichzeitig, aus Angst, dem anderen ausgeliefert zu sein. In diesem Fall kommt es schnell zu Gefühlen des Verlassenseins und der Einsamkeit.

Unsere frühen Bindungserfahrungen begleiten uns ein Leben lang. Konnte man in seiner Kindheit eine sichere, gute Bindung entwickeln, ist man in der Regel auch in späteren Beziehungen bindungssicher. Es mag einen traurig machen, den anderen nicht zu sehen, aber es erzeugt keinen Stress. Die Gedanken kreisen nicht ständig um den abwesenden Partner. Man weiß, dass man sich dem anderen vertrauensvoll öffnen kann – das schafft Raum für Tiefe und echte Begegnungen.

Wurde das Vertrauen in Vater oder Mutter hingegen immer wieder erschüttert, entwickelt sich mit hoher Wahrscheinlichkeit ein sogenannter unsicher-vermeidender oder unsicher-ambivalenter Bindungsstil. Beide lassen Stress entstehen, wenn man vom Partner getrennt ist.

Der unsicher-vermeidend Gebundene ärgert sich, dass der andere nicht da ist, und versinkt in einer negativen Gedankenspirale. Da sie nicht gerne über sich selbst reden und intimen Gesprächen mit dem Partner aus dem Weg gehen, fehlt diesen Menschen die Möglichkeit, Probleme gemeinsam zu bewältigen und Vertrauen aufzubauen. Sie sind zwar gute Zuhörer und interessieren sich für die Gedanken, Sorgen und Probleme anderer, geben aber von sich selbst nichts preis. Dieser Schutz der eigenen Person schafft eine ständige Distanz.

Menschen, die unsicher-ambivalent gebunden sind, fühlen sich wertlos und zutiefst verunsichert, wenn sie ohne den anderen sind. Sie verspüren eine große innere Leere, die in Gesprächen mit anderen nicht überwunden werden kann. Wenngleich sie problemlos und gerne über sich sprechen, haben sie Mühe, empathisch auf den anderen einzugehen. Ähnlich wie unsicher-vermeidend Gebundene können sie ihrem Partner nicht zu 100 Prozent vertrauen, weswegen sie kleinste Streitigkeiten bereits derart verunsichern, dass sie sofort die gesamte Beziehung infrage stellen.

Anpassungsfähigkeit und Selbstbehauptung

Jede zwischenmenschliche Bindung ist vom Spagat zwischen Anpassung und Selbstbehauptung geprägt. Auf der einen Seite braucht es Anpassungsfähigkeit, um Kompromisse zu finden, sich zu integrieren, nachzugeben und aneinander festzuhalten. Es verlangt Offenheit und Mut, um auf den anderen zuzugehen.

Auf der anderen Seite haben wir Menschen aber auch das Bedürfnis, uns selbst zu behaupten und autonom zu sein. Dafür müssen wir unsere Bedürfnisse spüren und für sie eintreten – argumentieren, diskutieren, möglicherweise streiten oder uns sogar trennen.

Damit eine Beziehung gelingen kann, müssen sich alle Beteiligten sowohl anpassen als auch behaupten können. Wer sich nicht anpassen kann, wird Bindungen aus dem Weg gehen oder einen gewissen Sicherheitsabstand einhalten. Wer sich nicht behaupten kann, verliert seine Freiheit in der Beziehung. Viele Menschen haben die Tendenz, sich entweder zu sehr anzupassen oder sich zu stark abzugrenzen.

Vertrauen kann man lernen

Wenn man das Gefühl hat, nicht die passenden Menschen kennenzulernen oder keinen Partner auf Dauer halten zu können, dann kann ein genauer Blick auf die eigenen Bindungsbedürfnisse und -fähigkeiten erhellend sein. Der in der Kindheit entstandene Bindungsstil ist kein unüberwindbarer Schicksalsschlag. Jeder kann Vertrauen lernen.

Analysieren Sie daher zunächst – am besten schriftlich –, welche Prägungen Sie von Ihren Eltern in Bezug auf Bindung und Autonomie übernommen haben:

- Wie gut haben Ihre Eltern Ihre Bindungsbedürfnisse erfüllt?
- Wie haben sie auf Ihre Wünsche und Bedürfnisse reagiert? Wie sind sie damit umgegangen?
- Wie haben sie auf Aggressionen, Frustration oder Trauer Ihrerseits reagiert?
- Wie gut haben sie Ihre Selbstständigkeit gefördert und unterstützt?

Falls diese Fragen zu offen und daher zu schwierig sind, können Sie sich ihnen mithilfe von Skalierungsfragen nähern und Ihre Antworten auf Basis dieser Bewertung weiter analysieren. Das könnte zum Beispiel so aussehen: Auf einer Skala von 1 bis 10, wie fürsorglich reagierten Ihre Eltern auf Ihre kindlichen Bedürfnisse? Wie sehr war auf sie Verlass? Wie schätzen Sie Ihre Selbstständigkeit als Grundschulkind ein? usw.

Befragen Sie auch andere, wie beispielsweise Geschwister, Cousinen, Onkel oder auch Ihre Eltern. Bedenken Sie hierbei, dass es keine hundertprozentige Wahrheit gibt. Es gibt nur Wahrnehmungen, und die können sehr unterschiedlich sein. Inwiefern Erinnerungen sich im Laufe der Zeit verändern, erfahren Sie im Kapitel „So formen Sie negative Erinnerungen um“ ab Seite 82.

Nachdem Sie sich mit Ihrem Bindungsstil beschäftigt haben, ist der nächste Schritt, zu überlegen, welche Glaubenssätze Sie durch das Verhalten Ihrer Eltern in Bezug auf Ihren Selbstwert entwickelt haben. Negative Glaubenssätze wie „Ich genüge nicht“, „Ich muss mich anpassen“, „Ich bin wertlos“ oder „Ich falle zur Last“ blockieren uns und verhindern, dass wir die sind, die wir sein könnten. Auf der anderen Seite können wohlwollende und wertschätzende Glaubenssätze wie „Ich bin wichtig“, „Ich werde geliebt“ oder „Ich bin okay“ unser Leben mit mehr Zufriedenheit füllen.

Unsere Glaubenssätze prägen unser Selbstwertgefühl und unser Beziehungsverhalten. Menschen, die negativ denken, sehen überall Probleme und haben nur Augen für schlimme Ereignisse. Sie gehen davon aus, dass sie wertlos sind, und entwickeln aus Angst, verlassen zu werden, eine entsprechende Selbstschutzstrategie. Vielleicht versuchen sie unbewusst, durch Überanpassung die Bindung zu festigen, versuchen alles richtig zu machen und sich ganz den Wünschen ihres Gegenübers unterzuordnen. Oder sie schützen sich und ihre Autonomie, indem sie auf Distanz gehen. Ganz nach dem Motto: „Wenn mir niemand nahekommt, kann mich niemand verletzen.“

Keine Macht den negativen Glaubenssätzen

Eine einfache und effiziente Methode, um negative Gedanken zu überprüfen und aufzulösen, ist „The Work“ von der US-Amerikanerin Byron Katie. Das Instrument zielt nicht nur darauf ab, unsere Perspektive zu verändern, sondern unterstützt uns ebenfalls dabei, sie zu erweitern. Der Ablauf ist simpel: Haben Sie bei Ihrer Analyse einen typischen Glaubenssatz erkannt, wie „Ich darf niemanden enttäuschen“, dann beantworten Sie dazu folgende Fragen – in Ruhe, detailliert und schriftlich:

- Ist das wahr?
- Kann ich mir absolut sicher sein, dass das wahr ist?
- Wie reagiere ich, wenn ich diesen Gedanken glaube?
- Wer wäre ich ohne diesen Gedanken?

Ganz wichtig: Es geht um den Gedanken, nicht um die Gefühle, die der Gedanke hervorruft. Also nicht „Ich bin so traurig und enttäuscht, weil mir meine Eltern nur dann Aufmerksamkeit geschenkt haben, wenn ich gute Leistungen erbracht habe“, sondern „Ich muss etwas leisten, um geliebt zu werden“.

Bilden Sie im Anschluss eine Umkehrung zu Ihrem Glaubenssatz, wie zum Beispiel „Ich werde geliebt, wie ich bin“. Finden Sie dann drei reale und überzeugende Beispiele, die belegen, dass diese Aussage wahr ist: „Das hat mir Corinne gesagt“, „Das habe ich im Blick meines Vaters gesehen“, „Viele Menschen mögen meine Geselligkeit“. Seien Sie erfinderisch beim Umkehren Ihrer negativen Glaubenssätze. Alles, was Ihre Perspektive verändert und sich für Sie gut anfühlt, ist hilfreich.

Diese Übung können Sie mit jedem negativen Glaubenssatz wiederholen, den Sie im Laufe der Zeit entlarven. Nehmen Sie Abstand und fragen Sie sich: „Ist das wirklich so? Kann ich mir hundertprozentig sicher sein, dass das wahr ist?“ – und dann finden Sie eine positive Alternative.

Was wünsche ich mir von anderen?

Einsamkeit überwinden bedeutet, aus dem Kokon zu schlüpfen und mit anderen in Verbindung zu kommen. Oftmals wird dabei mehr darauf geachtet, was die anderen denken könnten, als sich der eigenen Erwartungen bewusst zu sein: Welche Resonanz wünsche ich mir von den Menschen? Was erwarte ich von einem flüchtigen Bekannten, einer Freundin, einem Vertrauten?

Freundschaften sind vom Geben und Nehmen geprägt. Es kommt darauf an, was wir zu geben bereit sind und was wir von unserem Gegenüber erhalten. Geht die Rechnung halbwegs auf? Sind unsere Ansprüche gerechtfertigt? Haben wir zu hohe Erwartungen an unsere Freunde? Wie zuverlässig sind wir und welches Vertrauen wünschen wir uns vom anderen?

Alles, was wir aussenden, hat eine Wirkung. Ob wir uns freundlich oder feindselig verhalten – es kommt zu uns zurück. Wenn wir uns nun fragen, welche Resonanz wir uns von anderen wünschen, dann hilft es, darüber nachzudenken, welche Erwartungen und Werte wir haben, denn diese wirken sich direkt auf das aus, was wir ausstrahlen. Sie zu kennen hilft uns dabei, Grenzen zu setzen und unsere Bedürfnisse zu formulieren, beispielsweise was für Freunde wir uns wünschen und in welcher Resonanz wir mit ihnen stehen möchten.

Werte sind wie Kompassnadeln, die uns die für uns richtige Richtung anzeigen. Sie sind Eigenschaften und Ideale, die wir für gut befunden haben und nach denen wir handeln. Das geschieht meist unbewusst. Wir haben sie im Laufe unseres Lebens entwickelt, wobei unser engster Bezugskreis, vor allem Familie und Freunde, den größten Einfluss auf die Entwicklung unseres Wertesystems hat. Durch Lob, Bestrafung sowie Zuwendung und Nichtbeachtung lernen wir, welches Verhalten erwünscht ist und welches nicht. Wir fühlen uns dort wohl, wo unsere Wertvorstellungen geteilt werden, wobei diese sich im Laufe der Zeit verändern können.

Sobald wir wissen, was uns wichtig ist, fällt es uns leichter, Prioritäten und Grenzen zu setzen. Womit wollen wir unsere Zeit verbringen? Was macht uns glücklich? Was erleben wir als sinnstiftend? Sie helfen uns dabei, gezielt nach Menschen Ausschau zu halten, die die gleichen Werte teilen, denn diese passen am besten zu uns. Menschen mit ähnlichen Werten sind sich häufig sympathisch und empfinden auch die Kommunikation und den Umgang miteinander als unkompliziert.

Andersherum geben uns unsere Werte und Überzeugungen ebenfalls einen Hinweis darauf, warum wir uns im Beisein bestimmter Menschen nicht wohlfühlen oder mit jemandem einfach nicht warm werden. Lassen Sie uns nun gemeinsam auf die Suche nach Ihren Werten gehen.

1. Wählen Sie 20 Werte aus

Gehen Sie diese Liste durch und entscheiden Sie spontan, welche 20 Werte Ihnen wichtig sind. Falls ein Wert fehlt, können Sie die Liste entsprechend erweitern.

Glück	Nächstenliebe	Wohlstand	Freiheit
Erotik	Geld	Gesundheit	Zuverlässigkeit
innerer Frieden	Sinn	sinnliche Befriedigung	Unabhängigkeit
Karriere	Intimität	Weiterentwicklung	Anerkennung
Hilfsbereitschaft	Durchsetzungs-kraft	Ästhetik	Höflichkeit
Gleichmut	Partnerschaft	Vertrauen	Ruhm
Sparsamkeit	Pünktlichkeit	Selbstverwirklichung	Leistung
Gelassenheit	Glaube	Harmonie	Abenteuer
Engagement	Fleiß	Ehrlichkeit	Geborgenheit
Familie	Großzügigkeit	Hoffnung	Selbstverantwortung
Qualität	Selbstbestimmung	Sicherheit	Herausforderung
Demut	Spiritualität	Kreativität	Liebe
Loyalität	Ordnung	Spontanität	Macht
Treue	Verantwortung	Gerechtigkeit	Abwechslung
Freundschaft	Genauigkeit	Spaß	Begeisterung
Toleranz	Disziplin	Fürsorge	Genuss
Erfolg	Wissen	Würde	...

2. Reduzieren Sie Ihre Liste

Schreiben Sie die 20 ausgewählten Werte auf ein separates Blatt und reduzieren Sie diese Liste wiederum spontan auf zehn Werte. Wenn Ihnen die Entscheidung schwerfällt, helfen vielleicht folgende Fragen:

- Wann respektiere ich mich? Wann bin ich stolz auf mich?
- Was bedeutet der jeweils ausgewählte Wert für mich?
- Passt dieser Wert tatsächlich (noch) in mein heutiges Leben?
- Führt mich dieser Wert zu dem Leben, das ich mir wünsche?
- Hilft er mir, meine Ziele zu verfolgen?
- Welche Ziele kann ich möglicherweise nicht erreichen, wenn ich diesen Wert lebe?

3. Schaffen Sie eine erste Rangfolge

Nachdem Sie Ihre zehn wichtigsten Werte ausgewählt haben, zeichnen Sie eine Tabelle mit zwei Spalten. Schreiben Sie in die linke Spalte die fünf Werte hinein, die Ihnen am wichtigsten sind. In die rechte Spalte schreiben Sie die fünf Werte, auf die Sie im Notfall verzichten könnten.

4. Ordnen Sie Ihre wichtigsten fünf Werte

Bringen Sie nun die Werte, die Sie in die linke Spalte geschrieben haben, in eine Rangfolge, und erklären Sie Ihre Entscheidung. Warum steht genau dieser Wert an erster Stelle, warum ein anderer an dritter? Was bedeuten diese Werte und diese Rangfolge für Sie, Ihr Leben und die Wahl Ihres Freundes- und Bekanntenkreises? Erfüllt Ihr aktuelles Umfeld Ihre wichtigsten Werte?

FREUNDSCHAFT BERUHT NICHT IMMER AUF GEGENSEITIGKEIT

Selbst wenn man das gleiche Werteset sowie gemeinsame Interessen hat und den anderen mag, muss unser Gegenüber nicht automatisch die gleichen freundschaftlichen Gefühle für uns hegen. Für eine Studie des Massachusetts Institute of Technology wurden 84 Personen im Alter von

23 bis 38 Jahren gebeten, andere Studienteilnehmer auf einer Skala von null bis fünf zu bewerten. Null bedeutete, dass man die andere Person nicht kennt, drei, dass der andere ein Freund ist, und fünf, dass das Gegenüber zu den engsten Freunden gehört.

94 Prozent der Teilnehmer glaubte, dass die jeweils beurteilte Person die gleiche Ziffer wählen würde. Das taten aber nur 53 Prozent! Für fast jeden zweiten nahm die andere Person nicht zwangsläufig die gleiche Rolle ein. Wenngleich jede Freundschaft anders und individuell definiert, ist die Annahme, dass jemand, den wir mögen, unsere Gefühle auf die gleiche Weise erwidert, nicht unbedingt immer zutreffend.

Was für ein Freund bin ich?

Bei all den Gedanken rund um die eigene Einsamkeit und die Resonanz, die man sich von anderen wünscht, stellt sich die Frage, was für ein Freund man selbst ist. Wären Sie gerne mit sich selbst befreundet? Ja? Dann ist ja alles wunderbar. Falls nein, was wäre eine mögliche Stellschraube, an der Sie drehen könnten? Hier sind zehn Fragen, die Ihnen Aufschluss darüber geben können, wie Sie Freundschaft definieren und was für eine Art von Freund Sie sind. Bitte gehen Sie die Fragen in Ruhe durch und kreuzen jeweils eine für Sie passende Antwort an.

1. Wie haben Sie in der Schulzeit Ihre Mittagspause verbracht?

1	Ich habe mit anderen Hausaufgaben gemacht.
2	Ich habe mit Freunden gemacht, worauf wir gerade Lust hatten. Wir haben im Park herumgehangen oder sind durch die Innenstadt gelaufen.
3	Tratschen und rumblödeln.
4	Ich habe mich mit meinem besten Freund getroffen. Wir haben vor allem viel geredet.

2. Worüber sprechen Sie mit Ihren Freunden?

1 Über die Arbeit.

2 Mein Liebesleben/meine Beziehungen.

3 Persönliche Projekte, beruflich oder privat.

4 Interessen, Hobbys und Ideen.

3. Ihr bester Freund zieht weit weg.
   Wie fühlt sich dieser Verlust für Sie an?

1 Ich muss mein Sozialleben komplett neu organisieren.

2 Mit wem soll ich mich denn jetzt austauschen?

3 Ich fühle mich etwas orientierungslos.

4 Ich habe niemanden mehr, dem ich mich anvertrauen kann.

4. Ihr bester Freund hat etwas getan, das für Sie nicht in Ordnung ist.
   Wie reagieren Sie?

1 Ich melde mich nicht mehr bei ihm.

2 Ich sehe darüber hinweg.

3 Ich suche das Gespräch und sage ihm, was mir missfallen ist.

4 Ich bitte ihn, mir zu erklären, warum er sich so verhalten hat.

5. Sie verbringen ein Wochenende mit Ihren Freunden.
   Was unternehmen Sie?

1 Wir besuchen ein Theater, Musical, Konzert oder Festival.

2 Wir ziehen durch die coolsten Bars und Klubs der Stadt.

3 Wir organisieren eine gemeinsame Aktivität, z. B. eine Radtour, eine Wanderung, ein Fest.

4 Wir mieten uns eine Ferienwohnung und quatschen bei einem guten Rotwein bis tief in die Nacht.

6. Einer Ihrer Freunde hat sich seit Monaten nicht mehr bei Ihnen gemeldet. Was tun Sie?

1 Ich mache mir Sorgen. Habe ich etwas falsch gemacht?

2 Das kann eigentlich nicht passieren. Ich bin mit meinen Freunden immer in Kontakt.

3 Er hat sicherlich seine Gründe. Er wird sich schon wieder melden.

4 Ich rufe an, um zu erfahren, was los ist.

7. Ihr Freund ist frisch verliebt und hat daher sehr wenig Zeit für Sie. Was empfinden Sie?

1 Ich denke, das ist normal. Wenn man frisch verliebt ist, hat man halt Besseres zu tun.

2 Ich bin enttäuscht. Ich wünschte, er würde etwas mehr Zeit mit mir verbringen.

3 Ich freue mich sehr für meinen Freund, auch wenn ich ihn sehr vermisse.

4 Das macht nichts. Ich freue mich, dass es ihm gut geht.

8. Was haben Sie mit Ihren Freunden gemeinsam?

1 Meine Hobbys/Interessen.

2 Praktisch alles.

3 Meinen Sinn für Humor.

4 Mein Weltbild.

9. Mit welcher Persönlichkeit möchten Sie am liebsten befreundet sein?

1 Jemand, mit dem ich mich gut unterhalten kann.

2 Ein lustiger, unkomplizierter Zeitgenosse.

3 Ein sportlicher Typ, der Abenteuer mag.

4 Ein toller Gastgeber und Koch.

10. Was glauben Sie ist eine Ihrer Schwächen als Freund?	
1	Ich bin mir nicht immer sicher, ob der andere mich wirklich mag.
2	Ich erwarte zu sehr, dass der andere gute Laune hat.
3	Ich bin etwas zu neugierig.
4	Ich bin nicht immer da, wenn ein Freund Hilfe braucht.

Zählen Sie nun Ihre Punkte zusammen.

10–17 Punkte: Sie wirken manchmal distanziert
Sie haben mehrere gute Freunde, die Ihre Interessen teilen und dieselben Hobbys haben. Sie mögen es, etwas mit anderen zu unternehmen, z. B. ins Kino zu gehen, zusammen zu kochen, zu reisen usw. Sie kommen mit allen gut klar, führen Ihre Freundschaften jedoch eher vorsichtig und zurückhaltend. Der Austausch mit engeren Freunden findet vor allem auf intellektueller Ebene statt: Sie sprechen über Projekte, Interessen o. Ä.
Es fällt Ihnen jedoch schwer, sich Ihren Freunden anzuvertrauen, wenn Sie in Schwierigkeiten sind, sich Sorgen machen oder nicht wissen, wie Sie ein Problem angehen sollen. Es dauert daher eine Weile, bis Sie Vertrauen fassen. Sie scheuen sich davor, Bekannte zu Freunden zu machen, weil es Ihnen grundsätzlich schwerfällt zu vertrauen und Sie die Kontrolle behalten möchten. Sie sind generell sehr gesellig, schützen sich aber durch das Aufrechterhalten einer gewissen Distanz davor, verletzt zu werden. Möglicherweise wurden Sie in der Vergangenheit von Freunden enttäuscht oder ausgenutzt.
Wenn Sie glauben, jemanden gefunden zu haben, mit dem Sie eine tiefere Freundschaft führen könnten, dann lernen Sie, sich dieser Person zu öffnen. Vertrauen Sie darauf, dass der andere sich tatsächlich für Sie interessiert, ohne einen Hintergedanken zu haben.

18–25 Punkte: Ihr Freundeskreis ist wie eine zweite Familie
Ihnen sind Ihre Freunde sehr wichtig – so wichtig, dass Sie am liebsten den ganzen Tag von ihnen umgeben wären. Möglicherweise sind Sie es sogar! Sie teilen alles mit Ihrem Freundeskreis und erzählen gerne bis ins kleinste Detail, was Sie erlebt haben. Bevor Sie etwas entscheiden, holen Sie sich den Rat und die Meinung Ihrer Freunde ein. Sie streben nach festen, harmonischen Bindungen, um nicht allein sein zu müssen – denn davor haben Sie große Angst.
Für Sie zählt die Gruppe als Ganzes. Jeder ist beim Klatsch und Tratsch auf dem gleichen Stand. Obwohl ein reger Austausch und viel gemeinsam verbrachte Zeit positive Aspekte sind, laufen Sie Gefahr, nicht als Individuum wahrgenommen zu wer-

den, sondern in der Masse unterzugehen. Alles mit jedem zu teilen kann oberflächlich wirken und macht es schwer, Grenzen zu setzen, wenn es um Intimität geht.
Immer von anderen umgeben zu sein erschwert es Ihnen zudem, Zeit mit sich selbst zu genießen und daraus neue Kraft zu schöpfen. Versuchen Sie, Ihre Individualität zu bewahren, und denken Sie daran, dass Sie nicht immer mitten im Geschehen sein und jedes Detail Ihres Lebens mit anderen teilen müssen, um gemocht zu werden.

26–33 Punkte: Sie sind in Ihrem Freundeskreis angekommen
Sie kennen die meisten Ihrer Freunde schon sehr lange und sind mit manchen von ihnen bereits durch dick und dünn gegangen. Sie können offen miteinander umgehen und wissen, dass Sie sich in schwierigen Zeiten aufeinander verlassen können. Ihre Freunde geben Ihnen Halt und Orientierung. Die Atmosphäre zwischen Ihnen ist wertschätzend und respektvoll, aber Sie lachen auch viel gemeinsam und ergänzen sich gegenseitig.
Für Sie kommt Qualität vor Quantität. Sie freuen sich auf jedes Treffen. Vielleicht haben Sie sogar kleine Rituale mit Ihren Freunden etabliert: ein gemeinsames Lieblingsrestaurant oder eine spezielle Art der Begrüßung. Freundschaft ist für Sie ein wesentlicher Bestandteil Ihres Lebens. Ihnen ist bewusst, dass sie mit viel Liebe gepflegt werden muss.
Auch wenn Sie über einen intakten Freundeskreis verfügen, lohnt es sich, offen für andere Menschen zu bleiben. Ermöglich Sie sich immer wieder die Begegnung mit anderen Menschen. Sie können neue Perspektiven eröffnen und frische Sichtweisen bringen.

34–40 Punkte: Sie sind bei Freundschaften sehr wählerisch
Für Sie ist eine gute Freundschaft wie ein Schatz: selten, kostbar und etwas Besonderes. Sie haben lieber einen wirklich guten Freund als viele Bekannte, weswegen Sie bei der Auswahl Ihrer sozialen Kontakte extrem wählerisch sind. Wertschätzung und gegenseitiger Respekt sind Ihnen in einer Beziehung besonders wichtig. Sobald Sie eine Person treffen, die Sie respektieren, ist Ihre Neugier entfacht. Wie tickt Ihr Gegenüber? Was interessiert den anderen? Womit bringt man seine Augen zum Leuchten?
Wenn Sie jemanden in Ihr Leben lassen, dann wird daraus in der Regel eine enge Freundschaft – ganz egal, wie lange sie letztendlich dauert. Trotz des großen Interesses möchten Sie den anderen nicht überfordern oder gar einengen. Für Sie ist Freiheit ein wichtiger Wert, weshalb räumliche oder zeitliche Distanz nichts an der Tiefe Ihrer Freundschaft ändert. Dieser Freigeist kann jedoch dazu führen, dass Sie manchmal wie ein unzuverlässiger Freund wirken.
Zudem fällt es Ihnen schwer, sich weniger engen Freunden zu öffnen. Für Sie reicht es aus, sich Ihrer besten Freundin anzuvertrauen. Denken Sie daran, dass auch andere über gute Ideen und Lösungsvorschläge verfügen. Menschen helfen gerne. Es ist also durchaus möglich, mit mehreren Menschen eng befreundet zu sein, ohne mit seinen Problemen hausieren gehen zu müssen.

Mehr Selbstfürsorge im Alltag

Wer glaubt, sein Einsamkeitsproblem durch viele neue Kontakte lösen zu können, der irrt. Isolation basiert oft auf der eigenen Einstellung zu sich selbst. Bereits in der Bibel steht „Liebe deinen Nächsten wie dich selbst". Man muss weder Christ noch anderweitig religiös sein, um die Logik hinter diesem Satz als nützliche Lebensweisheit zu erkennen: Wenn ich es schaffe, mich selbst zu akzeptieren und zu mögen, dann kann ich dieses Gefühl auch auf andere übertragen. Menschen, die mit sich selbst im Reinen sind, haben zudem eine Ausstrahlung, die sie für andere interessant macht. Nur wenn Sie sich selbst lieben, können Sie auch von anderen wertgeschätzt werden.

Was so logisch und simpel klingt, kann aber auch eine Herausforderung sein. Zum einen erschweren Selbstvorwürfe, Perfektionismus und Verdrängung das Streben nach Selbstliebe, zum anderen fürchten sich viele davor, durch erhöhte Selbstliebe arrogant oder narzisstisch zu wirken. Dabei ist ein gesundes Verhältnis zu sich selbst maßgeblich für ein zufriedenes Leben – immerhin sind wir selbst der Mensch, mit dem wir ein Leben lang zusammen sind, vom ersten bis zum letzten Atemzug!

SELBSTLIEBE = NARZISSMUS?

Die Freundschaft mit sich selbst hat nichts mit Narzissmus zu tun. Unter Narzissmus versteht man im Allgemeinen eine überzogene Selbstliebe – dabei leiden Betroffene unter einem sehr geringen Selbstbewusstsein und einem besonders negativen Selbstbild, das sie durch ein verstärkt selbstbewusstes Auftreten zu verbergen versuchen.

Gesunde Selbstliebe hingegen bedeutet, dass man sich akzeptiert und annimmt, so wie man ist – mit allen Stärken und Schwächen. Diese Selbstakzeptanz ermöglicht es einem, auch andere Menschen mit all ihren Ecken, Kanten und Marotten anzunehmen. Da Narzissten genau diese Fähigkeit fehlt, liegt es nahe, dass ihre vermeintliche Selbstliebe nichts mit wahrer Liebe zu tun hat.

Ein gesundes Selbstwertgefühl führt zu einer sozialverträglichen Form von Selbstbehauptung, also zu Selbstrespekt. Und das ist nicht nur gut für unser Wohlbefinden, sondern wirkt auch sympathisch auf andere. Sie müssen also keine Angst haben, arrogant oder selbstsüchtig zu wirken, nur weil Sie sich um sich und Ihren Selbstwert kümmern.

In diesem Kapitel geht es nicht um Selbstoptimierung – Sie sind gut, so wie Sie sind. Stattdessen möchte ich Ihnen zeigen, wie Sie liebevoll mit sich selbst umgehen können – so wie mit einem guten Freund –, sodass Sie sich nicht (mehr) kleinmachen oder unter Wert verkaufen. Wenn Sie sich selbst akzeptieren, so wie Sie sind, dann gehen Sie automatisch optimistischer auf andere zu. Mit gesteigerter Selbstliebe können Sie Ihre Ängste und Sorgen minimieren und Selbstzweifel leichter überwinden.

Wenn einer Freundin etwas nicht gelingt, dann fühlen wir mit ihr, trösten und stärken sie. Wir machen Sie sicher nicht nieder oder sagen Dinge wie: „Stimmt, du bist viel zu dick/redselig/naiv!" Freundschaft mit sich selbst bedeutet, sich so zu akzeptieren, wie man ist, und auch die scheinbar negativen Eigenschaften liebevoll anzunehmen: Ja, vielleicht sind Sie schüchtern, aber das kann sehr charmant sein! Seien Sie gut zu sich. Stärken Sie sich den Rücken. Sie haben es verdient.

Selbstfürsorge bedeutet, auf seine Bedürfnisse zu achten und für sich zu sorgen, vor allem in schwierigen Momenten. Wenn Sie sich einsam fühlen, dann können Sie sich in diesem Gefühl suhlen und darin ertrinken, oder Sie können sich fragen, wie Sie es schaffen, aus dem

Loch wieder herauszukommen. Was können Sie tun, damit es Ihnen besser geht? Was gibt Ihnen neue Energie?

Viel zu oft lassen wir uns von Stress und Druck aus der Bahn werfen und verlieren den Blick für das Gute, das uns jeden Tag widerfährt. Dabei sind es genau diese wertvollen Momente, die uns aus dem Sumpf herausziehen können und uns die Kraft geben, offen und zuversichtlich auf andere zuzugehen. Genau deshalb ist es so wichtig, gut für sich selbst zu sorgen und darauf zu achten, die Freuden des Lebens bewusst wahrzunehmen, zu genießen und daraus neue Motivation zu schöpfen. Gute Selbstfürsorge bedeutet:

- achtsamer mit sich selbst umzugehen und auf die eigenen Bedürfnisse zu achten. Das stärkt unsere Selbstwirksamkeit und schützt uns vor ungünstigen äußeren Einflüssen.
- eine achtsame, liebevolle Haltung einzunehmen, die Ihnen dabei hilft, Grenzen zu setzen und Ihr Selbstbewusstsein zu stärken.
- negative Grundeinstellungen zu überdenken, die an Ihrem Selbstwertgefühl nagen und es Ihnen erschweren, Kontakte zu knüpfen und intensive Beziehungen aufzubauen.
- Abstand zu schaffen und Wichtiges von Unwichtigem zu trennen. Sie setzen sich weniger unter Druck und erkennen, was dringend und was wichtig ist.
- sich zwischendurch zu belohnen, vor allem wenn Sie etwas Unangenehmes oder Schwieriges gemeistert haben.
- sich immer wieder Ruhe- und Alleinzeiten zu gönnen. Schaffen Sie sich kleine Freiräume und erlauben Sie es sich, Ihre Kräfte einzuteilen und Pausen zu machen.
- sich nicht zu überfordern. Niemand erwartet von Ihnen, dass Sie Ihre To-do-Liste vollständig abarbeiten. Reduzieren Sie Ihre Interessen und Aktivitäten auf das, was Ihnen wirklich am Herzen liegt.
- durch Selbstmitgefühl den Schmerzen und Herausforderungen, die wir unweigerlich erleben, besser gewachsen zu sein.

- zu wissen, wann und dass man andere um Hilfe bitten kann. Scheuen Sie sich nicht davor, Hilfe anzunehmen! Menschen helfen in der Regel gerne.

Selbstliebe durch Achtsamkeit und Ruhe

Selbstliebe gleicht einem Marathon. Dieser Lauf hat es zwar in sich, aber er ist die Mühe wert, denn Sie laufen nicht gegen, sondern mit sich. Statt sich von Selbstvorwürfen und Selbstwertproblemen ausbremsen zu lassen, kann Ihnen eine gesunde Selbstfürsorge neuen Schwung und vor allem neue Zuversicht geben. Außerdem führt Selbstliebe langfristig zu mehr Selbstbewusstsein, was Ihnen dabei hilft, im Einklang mit Ihren Werten zu leben und bewusst Grenzen zu setzen.

Der Weg zu mehr Selbstliebe ist ein sehr intimer Prozess und findet vollständig in Ihrem Inneren statt. Sie verbinden sich mit sich selbst und werden dadurch unabhängig von äußeren Umständen. Statt sich von anderen ablenken oder beeinflussen zu lassen, haben Sie einen klaren, inneren Kompass.

Ein sehr effektiver Weg zu mehr Selbstliebe ist Ruhe. Das mag im ersten Moment paradox klingen, denn wir fühlen uns ja bereits einsam und möchten gerne mehr Menschen um uns haben. Aber bei dieser Form der selbstgewählten Alleinzeit geht es vor allem darum, sich zu entspannen – denn bereits Konfuzius wusste: „In der Ruhe liegt die Kraft."

Sind Sie nervös, gestresst oder abgelenkt, dann fühlen Sie sich automatisch unwohl und trauen sich vermutlich nicht unbedingt allein ins Kino oder gar auf ein Networking-Event oder zu einer Schnupperstunde im Volleyballverein. Sind Sie hingegen innerlich ruhig und gelassen, können Sie sich zum einen bewusst machen, dass nichts Schlimmes passieren kann, wenn Sie sich unter Menschen wagen, zum anderen führt innere Ruhe zu mehr Souveränität, was Ihnen dabei hilft, aktiv auf andere zuzugehen.

Selbstliebe ist mit einer Achtsamkeitsübung vergleichbar: Man beobachtet sich und nimmt sich wahr, ohne eingreifen oder etwas kontrollieren zu wollen. Versuchen Sie deshalb, kleine Momente der Achtsamkeit in Ihren Alltag einzubauen, damit Sie sich selbst Schritt für Schritt näherkommen. Hier sind einige Ideen für die Umsetzung:

- Achtsames Sitzen: Richten Sie sich bewusst auf und spüren Sie in Ihren Körper hinein.
- Führen Sie Routinearbeiten achtsam durch, z. B. den Abwasch, ohne Ablenkung oder Multitasking.
- Nutzen Sie Wartezeiten für achtsames Sehen – achten Sie z. B. auf alles, was blau ist.
- Halten Sie zwischendurch ein paar Minuten inne und beobachten Sie Ihren Atem.
- Hören Sie genau hin: Vogelgezwitscher, Wassergeplätscher, beruhigende Musik.
- Essen oder trinken Sie bewusst: Legen Sie z. B. zwischen jedem Bissen das Besteck ab und kauen Sie langsam.
- Beginnen Sie den Morgen mit drei tiefen Atemzügen.

Sollte Ihnen Achtsamkeit nicht liegen, dann gibt es selbstverständlich noch andere Wege, um regelmäßig Zeit mit sich selbst zu verbringen – frei von Ablenkungen und kreisenden Gedanken. Gehen Sie zum Beispiel spazieren, wann immer sich die Gelegenheit ergibt. Im Gehen kann der Körper vieles verarbeiten, was uns seelisch belastet, ohne dass wir bewusst darüber nachdenken müssen. Im ruhigen Rhythmus der Schritte entknoten sich viele Gedanken und Gefühle wie von selbst. Sie können auch schreiben, kochen, malen, etwas in Ruhe betrachten oder einfach nur dasitzen – alles, was Ihnen persönlich guttut und Entspannung bringt, ist erlaubt.

Da Sie Druck und Stress kaum aus dem Weg gehen können, ist es umso wichtiger, zu wissen, wie Sie neue Kraft tanken können. Versuchen Sie daher, ein Gespür für erste körperliche Warnzeichen zu entwickeln. Unser Körper weiß lange vor unserem Verstand, wann es uns nicht mehr gut geht. Dann liegt es an uns, diesen Hinweisen zu folgen, bevor wir immer dünnhäutiger werden, schneller frustriert und gereizt sind oder aber traurig und antriebslos.

Entspannung zu suchen, ist eine bewusste Entscheidung. Interessanterweise geben wir oftmals den Dingen Vorrang, die uns noch mehr – manchmal die letzte – Energie rauben, anstatt unserem Körper das zu geben, was er braucht: eine Pause! Statt unsere körperlichen Alarmsignale ernst zu nehmen, hetzen wir ungebremst weiter. Damit wir klar denken und uns besser fühlen können, braucht es allerdings einen Ausgleich zu den täglichen Herausforderungen in unserem Leben.

Studien zeigen: Je öfter wir im Tagesverlauf Pausen einlegen, desto produktiver sind wir und desto leichter können wir entspannen. Denn auch Entspannung will gelernt sein. Wer ständig unter Strom steht, wird große Schwierigkeiten haben, in Ruhephasen wirklich abzuschalten. Regelmäßige kleine Entspannungseinheiten können hier Abhilfe schaffen!

SAVORING: PURER GENUSS

Bereits in den 1980er-Jahren untersuchte der US-amerikanische Sozialpsychologe Fred Bryant von der Loyola-Universität in Chicago, wie heilsam es ist, wohltuende „Mikromomente" im Alltag auszukosten und sie damit auf unserem persönlichen Wohlfühlkonto zu verbuchen. Bryant prägte damit den Begriff *Savoring*, was die Fähigkeit beschreibt, positive Erlebnisse wahrzunehmen und zu genießen.

Hier sind ein paar *Savoring*-Ideen für Sie:

- Leben Sie positive Gefühle aus, egal ob mit Jubelschreien oder Freudentränen, und teilen Sie gute Neuigkeiten mit anderen.
- Halten Sie schöne Erinnerungen mental fest, und lassen Sie das Handy in der Tasche.
- Loben und beglückwünschen Sie sich für kleine und große Erfolge.
- Seien Sie sich der Flüchtigkeit des Moments bewusst. Das schärft Ihre Bewusstseinshaltung.

Eine andere Möglichkeit, ganz bei sich zu sein und den Blick auf die positiven Dinge zu lenken, ist ein Dankbarkeitstagebuch. Schreiben Sie jeden Abend drei Dinge auf, die Ihnen gut gelungen sind, die Ihnen Freude bereitet haben oder für die Sie dankbar sind. Sie werden schnell erkennen, wie viel Gutes Ihnen jeden Tag widerfährt.

Auch Bewegung und Sport lassen uns Kraft und Ruhe schöpfen. Bereits kleine Übungseinheiten stimulieren Körper und Geist und können dazu beitragen, dass sich unsere Stimmung verbessert und wir Stress abbauen.

Diese kleinen Kraftquellen bringen uns in die Ruhe, die wir für unsere Selbsterkennung benötigen. So können wir lernen, anders mit den Belastungen unseres Alltags umzugehen und voller Zuversicht in die Zukunft zu blicken. Nur wenn wir die eigenen Mechanismen verstehen, mit denen wir uns manchmal selbst das Leben schwer machen, können wir entsprechend gegensteuern. Muten Sie sich vielleicht zu viel zu, weil Sie geliebt oder anerkannt werden möchten? Kennen Sie es gar nicht anders, weil es Ihnen so vorgelebt wurde? Was erwarten Sie von Ihren Mitmenschen, und wie können Sie Ihre Bedürfnisse kommunizieren? Wichtig ist, dass Sie sich nicht überfordern, sondern sich Ihrem Ziel mit kleinen Schritten nähern – und zwar kontinuierlich!

Die Rolle der Ernährung

Auf uns und unsere körperlichen Bedürfnisse zu achten, ist maßgeblich für ein erfolgreiches Stimmungsmanagement. Nur mit einer positiven Grundstimmung können wir uns bewusst der Selbstliebe zuwenden und unser Selbstbewusstsein stärken – denn neue Kontakte zu knüpfen, braucht Mut. Kreative Ideen, wo Sie neue Leute kennenlernen oder wie Sie jemanden ansprechen können, entstehen nicht unter Stress, sondern wenn Sie entspannt und ausgeruht sind. Je besser Sie in schwierigen Situationen Ihre Ängste überwinden können, desto leichter wird es Ihnen fallen, auf andere zuzugehen. Wenn Sie sich wohlfühlen, sind Sie zu mehr fähig, als Sie denken.

Im Kapitel „Raus aus dem Stimmungstief" ab Seite 47 haben Sie bereits erfahren, wie sich unsere Grundbedürfnisse – Hunger, Durst und Erholung – auf unsere Laune auswirken können. Beispielsweise können wir wesentlich souveräner mit ablehnendem Verhalten umgehen, wenn wir ausgeschlafen sind. Wenn wir jedoch Stress, Hunger, Durst oder sonstigen körperlichen Druck empfinden, bringen uns bereits kleinste negative Aussagen aus der Fassung.

Gesundes Essen hebt die Stimmung. Das klingt einleuchtend – und dennoch greifen wir lieber zu Schokoriegeln und Chipstüten, vor allem dann, wenn es uns nicht gut geht. Über das Dilemma mit den guten Vorsätzen werden Sie im Kapitel „Adieu, Selbstsabotage!" ab Seite 95 noch mehr erfahren. Lassen Sie uns jetzt erst einmal darüber sprechen, wie *Mood Food* unsere Stimmung heben kann und wieso eine gesunde Darmflora wichtig für unser Gemüt ist.

Tatsächlich nimmt unser Magen-Darm-Trakt entscheidenden Einfluss auf unsere Entscheidungsfindung. In ihm werden Erfahrungen und Sinneseindrücke gesammelt und verarbeitet. Wir befragen unser „Bauchgefühl" oder entscheiden „aus dem Bauch heraus". Dabei spielen die Darmbakterien eine wichtige Rolle. Sie haben zudem einen enormen Einfluss auf unsere Psyche: Eine gestörte Darmflora begünstigt nachgewiesenermaßen die Entstehung von Ängsten, psychischen Verstimmungen und sogar Depressionen.

Seelische Probleme und permanenter Stress wirken sich genauso negativ auf unsere Darmgesundheit aus wie ungesunde Ernährung oder mangelnde Bewegung. Aus Studien geht hervor, dass die sogenannte Mittelmeer-Diät, die aus viel Gemüse, etwas Fisch, gesunden Ölen und Vollkorn besteht, stimmungsaufhellend wirkt.

Neben den üblichen Gesundheitstipps wie ausgewogener Ernährung (ausreichend Wasser, wenig gesättigte Fettsäuren, viel Obst und Gemüse) sowie regelmäßiger Bewegung und frischer Luft, können Sie Ihrem Darm auch mit Streicheleinheiten etwas Gutes tun. Legen Sie dazu Ihre Handflächen auf Ihren Bauch und atmen Sie ruhig und gleichmäßig in die Darmregion ein. Streicheln oder massieren Sie Ihren Bauch dabei leicht. Körper und Geist werden es Ihnen danken, denn Magen, Darm und Gedanken kommen so schnell zur Ruhe.

Mood Food für gute Laune

Wenn Sie sich das nächste Mal unwohl fühlen oder bereits bei Kleinigkeiten genervt reagieren, dann könnte das bedeuten, dass Ihr Körper zu wenig Serotonin produziert. Dieser Neurotransmitter wird auch als Glückshormon bezeichnet. Er wird im Gehirn produziert und versetzt uns in gute Stimmung. Neben sogenanntem *Brain Food*, das unsere Leistungsfähigkeit positiv beeinflusst, gibt es auch *Mood Food*. Es unterstützt unseren Körper bei der Produktion und Ausschüttung von Serotonin. Dazu zählen vor allem Nahrungsmittel mit einem hohen Tryptophan-Anteil.

Einen hohen Anteil am Eiweißbaustein Tryptophan haben Cashewkerne und Parmesan. Gleiches gilt für gedörrte Feigen und Datteln. Eier, Bananen oder Fisch haben mit ihrem hohen Tryptophan-Anteil nicht nur einen positiven Einfluss auf unseren Serotoninspiegel, sondern enthalten auch viel Vitamin D, was ebenfalls für gute Stimmung sorgt und zudem für den Stoffwechsel, das Immunsystem und den Knochenaufbau benötigt wird.

AN APPLE A DAY KEEPS THE DEPRESSION AWAY

Eine Metaanalyse von 18 Studien mit insgesamt etwa 300.000 Teilnehmern konnte nachweisen, dass Erwachsene, die wenig bis kaum Obst und Gemüse aßen, ein höheres Depressionsrisiko aufwiesen. Essen Sie daher viel Obst und Gemüse. Diese Lebensmittel sind reich an Ballaststoffen, Vitaminen, Mineralstoffen, Antioxidantien sowie Flavonoiden und sekundären Pflanzenstoffen. Diese Nährstoffe machen uns fit, gut gelaunt und leistungsstark.

In acht Schritten zu mehr Optimismus

Wie glücklich wir sind, hängt weniger von den äußeren Umständen ab als vielmehr von körperlichem Wohlbefinden und unserer inneren Haltung. Positives Denken stärkt unseren Optimismus und hebt unsere Stimmung. Das geschieht völlig automatisch, selbst dann, wenn um uns herum alles im Chaos versinkt.

Optimismus kann man erlernen und trainieren. Es geht dabei um das berühmte „halb volle Glas“. Fokussieren wir uns nur auf den Mangel und das, was schlecht ist, oder sind wir bereit, auch die positiven Aspekte im Negativen wahrzunehmen? Sie können es auch so handhaben wie eine Freundin von mir, die bei der Frage, ob das Glas nun halb voll oder halb leer ist, mit „Prost!" antwortete. Ansonsten können Ihnen die folgenden acht Schritte dabei helfen, Ihren Optimismus und damit Ihr Selbstbewusstsein zu stärken, sodass Sie sich freier und mutiger fühlen, aus Ihrem Kokon zu schlüpfen und neue Kontakte zu knüpfen.

1. Schützen Sie sich vor Zwangsoptimismus

Positives Denken hat viele Vorteile für unsere mentale Gesundheit und unser Wohlbefinden. Es geht allerdings nicht darum, zwanghaft zu versuchen, dauerhaft fröhlich zu sein. Niemand ist vor Schicksalsschlägen oder Misserfolgen gefeit, und Negatives zu verdrängen oder schönzureden, ist keine gute Strategie. Negative Gedanken und Gefühle sind wichtig und haben ihre Berechtigung. Sie zeigen uns, dass etwas nicht stimmt, und geben uns die Möglichkeit, etwas zu verändern.

Wenn wir uns über etwas ärgern, dann zeigt uns zum Beispiel unsere Wut, dass sich etwas für uns nicht richtig anfühlt. Der Ärger mobilisiert uns und lässt uns Maßnahmen ergreifen, um die Situation zu verbessern. Wenn es uns nicht gut geht oder wir trauern, dann helfen uns die negativen Gefühle dabei, uns mit der Situation auseinanderzusetzen. Versuchen Sie also, einen Blick für das Positive zu entwickeln, aber lassen Sie negative Gefühle dennoch zu.

2. „Sowohl als auch" statt „Entweder oder"

„Entweder oder", „Alles oder nichts", „Schwarz oder Weiß": Entweder bewerten wir etwas nur gut oder nur schlecht. Das ist eine äußerst negative Denkgewohnheit, die uns davon abhält, Positives wahrzunehmen. Dadurch halten Sie sich im schlimmsten Fall für einen totalen Versager, weil Sie es (noch) nicht schaffen, so glücklich zu sein, wie Sie es sich wünschen. Dabei übersehen Sie leicht, dass es Ihnen eigentlich gar nicht so schlecht geht und Sie bereits einiges geschafft haben.

Positives Denken bedeutet nicht, Negatives zu ignorieren, sondern zu erkennen, dass in allem etwas Gutes steckt, auch im scheinbar Schlechten. Das Erkennen von Grautönen hilft uns dabei, Platz für positive Gedanken zu schaffen.

3. Feiern Sie Ihre Erfolge
„Nicht geschimpft ist genug gelobt" – kennen Sie diesen Satz? Wir haben leider die Angewohnheit, unsere Erfolge kleinzureden. Wenn Sie Zufriedenheit und Wohlbefinden anstreben, dann nehmen Sie Ihre Erfolge zur Kenntnis – auch (oder vor allem) die kleinen –, und loben Sie sich regelmäßig.
Bremsen Sie sich und Ihre Motivation nicht aus, indem Sie den Istzustand mit dem gewünschten Sollzustand vergleichen – das führt lediglich zu Frustration, denn niemand kommt über Nacht und ohne Zutun dort an, wo er gerne hinmöchte. Legen Sie Ihren Fokus auf das, was bereits da und gut ist. „Ich kann mich auf Englisch unterhalten und lerne ständig dazu" motiviert wesentlich mehr zum Weitermachen als „Mein Englisch könnte besser sein".

4. Machen Sie sich gute Laune
Studien der Positiven Psychologie belegen, dass das Erleben positiver Gefühle unsere psychologischen, intellektuellen und sozialen Ressourcen stärkt. Das wiederum ermöglicht es uns, im Moment zu sein, das Leben zu genießen und optimistischer in die Zukunft zu blicken.
Wie also können wir unser Leben mit kleinen Glücksmomenten bereichern? Indem Sie zum Beispiel zu Ihrer Lieblingsmusik durch die Wohnung tanzen. Oder Sie schauen sich lustige Videos an: Niedliche Tiervideos oder inspirierende Filme wecken positive Emotionen. Wichtig ist dabei, sich ein zeitliches Limit zu setzen – nicht, dass am Ende ein schlechtes Gewissen die Oberhand gewinnt, weil Sie zu viel Zeit auf YouTube, Pinterest & Co verbracht haben.

5. Üben Sie sich in Dankbarkeit

Dankbarkeit tut Körper und Seele gut. Studien internationaler Forscherteams zeigen, dass Dankbarkeit unsere Gesundheit, unser Wohlbefinden sowie unsere seelischen Abwehrkräfte stärkt und sogar die Heilung von Krankheiten begünstigen kann. Wenn wir für die kleinen Dinge in unserem Alltag dankbar sind, finden wir mehr Sinn und Zufriedenheit in unserem Leben.

Eine der einfachsten Möglichkeiten, sich in Dankbarkeit zu üben, besteht darin, eine Liste aller Dinge zu erstellen, für die Sie dankbar sind. Sie können diese Liste selbstverständlich im Laufe der Zeit ergänzen. Oder Sie lassen den Tag vor dem Einschlafen Revue passieren: Konzentrieren Sie sich auf drei bis fünf Dinge, die Ihnen am Tag passiert sind und für die Sie dankbar sind – Sie werden überrascht sein, wie viele schöne Momente Ihnen einfallen.

6. Drücken Sie Ihre Dankbarkeit aus

Sagen Sie Danke, und zwar so oft wie möglich – auch wenn es scheinbar nicht nötig erscheint. Sicher, Speisen und Getränke zu bringen, ist die Aufgabe eines Kellners – dennoch freut sich jeder über ein „Danke“, das von Herzen kommt.

Jemand öffnet Ihnen die Tür? Lädt Sie zum Kaffee ein? Wünscht Ihnen schöne Ferien? Auch wenn es selbstverständlich erscheint: Bedanken Sie sich – lieber einmal zu viel als einmal zu wenig. Sie können persönlich vor Ort Danke sagen, sich schriftlich bedanken (Postkarte, Dankesbrief, E-Mail, WhatsApp etc.) oder die Augen schließen, den Menschen und das Dankbarkeitsgefühl vor Ihrem inneren Auge erscheinen lassen und sich mental bedanken. Das stärkt nicht nur Ihren Optimismus, sondern bringt Sie den Menschen in Ihrem Umfeld automatisch näher.

7. Gönnen Sie sich Ihr Glück

„Freu dich bloß nicht zu früh“, „Hochmut kommt vor dem Fall“, „Man soll den Tag nicht vor dem Abend loben“ ... Kommen Ihnen diese Sätze bekannt vor? Sie alle drücken aus, dass man puren Momenten des Glücks mit Misstrauen begegnen sollte. Aber ist das tatsächlich sinnvoll?

Ja, Glück ist flüchtig. Und ja, irgendwann kommen auch wieder schlechtere Zeiten. Umso wichtiger ist es, die schönen Momente voll auszukosten und in guten Phasen die Akkus aufzuladen! Lassen Sie sich Ihre Glücksmomente nicht durch Unkenrufe oder Grübeleien vermiesen. Genießen Sie Ihre Erfolge, Ihre Freuden und Ihr Glück, anstatt sich mit sorgenvollen Gedanken selbst zu sabotieren.

8. Lassen Sie sich treiben

Es liegt in unserer Hand, wie wir auf Schwierigkeiten reagieren und was wir über sie denken. Das Gelassenheitsgebet „Gott gebe mir die Gelassenheit, Dinge hinzunehmen, die ich nicht ändern kann, den Mut, Dinge zu ändern, die ich ändern kann, und die Weisheit, das eine vom anderen zu unterscheiden“ beschreibt diese Tatsache sehr passend.

Zufriedene Menschen wissen und akzeptieren, dass man im Leben fast nichts kontrollieren kann. Sie beschäftigen sich lieber mit dem, was sie tatsächlich ändern können, und versuchen, im Hier und Jetzt aktiv zu sein, anstatt sich mit möglichen Zukunftsszenarien zu beschäftigen. Ihnen ist klar, dass Glück aus einem steten Wechsel von Anspannung und Entspannung besteht. Tun Sie also, was in Ihrer Macht steht, und lassen Sie den Rest auf sich zukommen. Haben Sie Vertrauen – das Leben sorgt für Sie.

So formen Sie negative Erinnerungen um

Glauben Sie nicht alles, woran Sie sich erinnern. Manches, was wir im Kopf haben und von dem wir glauben, so und nicht anders hat es stattgefunden, war möglicherweise ganz anders. Das ist bei positiven und aufbauenden Erinnerungen nicht weiter schlimm, aber manche negative Eindrücke, die sich in Ihr Gehirn gefräst haben, sollten Sie unter die Lupe nehmen und überprüfen, ob sie eventuell zu einem Faktor geworden sind, der Sie davon abhält, neue Kontakte zu knüpfen.

Jede Erinnerung kann zudem je nach Kontext anders aussehen: Aus meinem ersten Liebeskummer ziehe ich andere Rückschlüsse, wenn ich genervt im Verkehrsstau stehe, als wenn ich an einem sonnigen Ferientag am Strand entlangspaziere. Im Spiegel der jeweiligen Gegenwart wird unsere Erinnerung schöner oder schlimmer, sie wird stärker oder verblasst. Woran und wie wir uns erinnern, wirkt sich zudem direkt auf unsere Persönlichkeit und damit auf unser Verhalten aus.

Vor allem das Bild, das wir uns von unserer Kindheit machen, beeinflusst unser Selbstbild als Erwachsener. Dabei ist es gerade hier wichtig, genau hinzusehen. Das bedeutet nicht, dass Kindheitserinnerungen grundsätzlich falsch sind. Allerdings verblassen sie mit der Zeit oder werden mit zusätzlichen Details geschmückt, die oftmals gar nicht unbedingt von uns selbst stammen.

WAHR ODER FALSCH?

In welchem Maße Erinnerungen verfälscht werden können, wies die deutsch-kanadische Rechtspsychologin Julia Shaw in einem eindrucksvollen und umstrittenen Experiment nach. Zusammen mit ihrem US-amerikanischen Kollegen Stephen Porter, einem Psychologen für Forensik, schaffte sie es, 70 Prozent der Probanden davon zu überzeugen, ein Verbrechen begangen zu haben, an das sie sich lebhaft erinnerten. Bei dem Verbrechen handelte es sich nicht um geklaute Schokolade oder ein eingeschlagenes Fenster, sondern um Mord!

Die Lebensgeschichte-Methode

Wenn wir unsere Erinnerungen in eine so gravierende Richtung verfälschen können, dann geht das auch in die andere, positive Richtung. Die niederländischen Psychologen Gerben Westerhof und Ernst Bohlmeijer haben aufbauend auf diesem Gedanken die sogenannte Lebensgeschichte-Methode entwickelt.

Ausgewählte Fragen unterstützen uns dabei, Erlebnisse in ein anderes, günstigeres Licht zu rücken, die Vergangenheit zu akzeptieren und positive Anknüpfungspunkte zu finden, die unseren Alltag heute erleichtern. So kann eine alte Wunde viel leichter verheilen, als wenn sie durch ständiges Erinnern oder Neuerzählen immer wieder neu aufgerissen wird. Im Idealfall können wir aus vergangenen Erlebnissen und Fehlern sogar lernen! Im Mittelpunkt der Methode stehen die folgenden vier Fragen:

1. Wie sind Sie damit umgegangen?

Welche Überlebensstrategien haben Ihnen dabei geholfen, die schwere Zeit durchzustehen? Wir vergessen manchmal, welche Mittel und Wege wir gesucht und genutzt haben, um uns selbst zu helfen.

Das gilt vor allem für scheinbar kleine Maßnahmen, wie jemandem das Herz auszuschütten, um Hilfe zu bitten oder selbst beim schlimmsten Liebeskummer etwas zu essen. Wichtig ist der Erkenntnisgewinn: Wir waren damals nicht vollkommen hilflos!

2. Welche Ausnahmen gab es?
Zwischen Schwarz und Weiß gibt es eine Menge Grautöne. Die gilt es zu entdecken. Es geht nicht darum, etwas schönzureden, aber vielleicht gab es auch schöne Momente mit der lieblosen Mutter oder friedliche Phasen in einer ansonsten mobbenden Schulklasse?

3. Gibt es andere Erklärungen?
Insbesondere Kinder tendieren dazu, sich selbst für Verletzungen und Demütigungen die Schuld zu geben. Das geht so weit, dass sie glauben, die Prügel des Vaters verdient zu haben, weil sie nichts taugen. Nach anderen Gründen zu suchen, kann entlastend sein: „Mein Vater hat mich geschlagen, weil er ein hilfloser Mensch ist und nie gelernt hat, einen Konflikt auszuhalten und konstruktiv damit umzugehen. Das hatte nichts mit mir zu tun."

4. Was haben Sie daraus gelernt?
Gibt es eine Lektion, die Sie aus Ihren Erfahrungen ziehen können? „Mein Vorgesetzter hat mich schikaniert, weil er ein sehr unglücklicher Mensch war. Wenn man so frustriert ist, hat man einen Tunnelblick und sieht alles negativ. So möchte ich nicht werden."

Die Kombination aus wohlwollender Aufmerksamkeit und Zeit lässt Wunden heilen. Es geht hierbei nicht um Selbstbetrug oder das Schaffen falscher Erinnerungen, sondern um eine positive Neuinterpretation des vorhandenen Materials. Im Idealfall haben Sie am Ende sogar eine positive Erinnerung daran, wie Sie eine Verletzung gemeistert haben.

Konzentrieren Sie sich auf Ihre Stärken

Beschäftigen wir uns mit dem Thema Stärken und Schwächen, dann stellt sich zuallererst die Frage, wo die Trennlinie verläuft. Ab wann ist eine Eigenschaft gut oder schlecht? Ist man faul oder gesundheitsbewusst, wenn man Pausen einhält und wenig Überstunden macht? Ist man gelassen oder gleichgültig, wenn man sich nicht über Kleinigkeiten aufregt? Ist man beharrlich oder verbissen, wenn man trotz Hindernissen an einem Plan festhält? Sind Zurückhaltung und Schüchternheit grundsätzlich schlecht, oder können sie bei Streitereien oder in Gefahrensituationen sogar nützlich sein?

Jede Eigenschaft hat ihre Vor- und Nachteile. Es kommt auf den Kontext und die Situation an, ob wir sie als Schwäche oder Stärke betrachten. Wenn Sie über Ihre Stärken und Schwächen reflektieren, lohnt sich also ein kritischer Blick. Nicht alles, was gesellschaftlich verpönt ist oder hochgelobt wird, muss für Sie persönlich genauso gelten. Ihre Eigenschaften müssen zu Ihnen passen und Sie müssen damit zurechtkommen – vielleicht finden Sie ja sogar eine ganz neue Stärke in einer vermeintlichen Schwäche?

Sich auf seine Stärken zu konzentrieren, schützt vor Frustration und Depression und ist ein Garant für ein zufriedenes Leben. Das klingt einleuchtend – und dennoch tun es die wenigsten. Die Tendenz, eher pessimistisch über die eigenen Fähigkeiten zu denken, wirkt sich hingegen negativ auf unser Selbstwertgefühl aus. Den meisten von uns helfen dann kleine und große Erfolgserlebnisse dabei, das angeknackste (Selbst-)Bild wieder zurechtzurücken. Das gute Gelingen von Aufgaben und Herausforderungen ist für unsere Selbstwertschätzung wie Dünger für eine Pflanze: Es nährt das Selbstwertgefühl und steigert das Selbstvertrauen.

Ist das Selbstwertgefühl jedoch gerade im Keller oder generell sehr schwach, hilft auch eine positive Rückmeldung nicht mehr weiter. Viele halten an der negativen Meinung über sich selbst fest und ziehen sich immer mehr zurück. Glücklicherweise gibt es dagegen eine einfache und effektive Lösung: die „zielgerichtete Abstraktion" (*directed abstraction*), die vom US-amerikanische Psychologen Peter Zunick und seinen Kollegen entwickelt wurde.

Die Grundidee der zielgerichteten Abstraktion ist, sich nicht einfach nur zu freuen, dass einem etwas gut gelungen ist, sondern sich konkret vor Augen zu führen, welche Fähigkeiten zu diesem Erfolg geführt haben. Gedanken wie „Ich habe gestern nette neue Leute kennengelernt, *weil ich* …" ermöglichen es uns, unsere eigenen Fähigkeiten zu erkennen und wertzuschätzen. Wir entwickeln einen Blick für unsere persönlichen Stärken und die eigenen Qualitäten, die zu dem positiven Resultat geführt haben.

Es ist wichtig, Erfolge wahrzunehmen und zu würdigen – egal, wie klein sie erscheinen mögen. Gut gemeisterte Alltagssituationen reichen oft bereits aus, um unser Selbstwertgefühl zu beflügeln. Statt die eigenen Fähigkeiten, die zu einem Erfolgserlebnis geführt haben, als selbstverständlich abzutun und kleinzureden, gilt es, sie zu bemerken und wertzuschätzen.

Schreiben Sie fünf Stärken auf, die Sie an sich schätzen, und überlegen Sie, in welchen Lebensbereichen diese bereits eine Rolle gespielt haben. Beispielweise auf der Arbeit: zuverlässig, tatkräftig, pünktlich, kreativ, ehrgeizig. Wählen Sie anschließend zwei Stärken aus, die Ihnen besonders wichtig sind. Beantworten Sie dann – am besten ebenfalls schriftlich – die folgenden Fragen: Warum sind Ihnen diese beiden Stärken so wichtig? Wie beeinflussen sie Ihr Leben? Welchen Einfluss haben sie auf Ihr Selbstbild?

Bitten Sie anschließend Freunde, Kollegen oder Ihre Familie darum, Ihnen Ihre Stärken zu nennen und Beispiele zu geben, wann sie diese Eigenschaften bei Ihnen eindrucksvoll erlebt haben. Gehen Sie alle Antworten durch, und schauen Sie nach wiederkehrenden Themen und Mustern. Fassen Sie diese Ergebnisse mit Ihren eigenen Gedanken zu einem Stärkenprofil zusammen. Überlegen Sie anschließend, wie Sie Ihre Fähigkeiten künftig einsetzen wollen und welche Eigenschaften es sich zu stärken lohnt.

So werden Sie jeden Tag ein bisschen mutiger

Haben auch Sie sich schon einmal ein Quäntchen mehr Mut gewünscht? Sei es, um auf fremde Menschen zuzugehen oder um einen neuen Job zu suchen, allein auf Reisen zu gehen, etwas Unbekanntes zu essen, ein extravagantes Kleidungsstück zu tragen, ... Die Liste ließe sich mit Leichtigkeit erweitern. Man schielt auf andere und fragt sich: Woher nehmen sie den Mut? Wie überwinden sie Befürchtungen und Zweifel?

Es ist tröstlich zu wissen, dass selbst die Tapfersten unter uns auch manchmal verzagen. Wir alle haben Angst davor, etwas falsch zu machen oder uns zu verletzen. Dennoch sind manche zögerlicher als andere – was schade ist, denn sie stehen sich dadurch selbst im Weg. Unser Zaudern und Zweifeln hindert uns daran, unser Potenzial auszuschöpfen und Neues auszuprobieren. Dabei sind unsere Sorgen und Ängste in den meisten Fällen entweder übertrieben oder unbegründet. Sowohl das Wiederkäuen vergangener Situationen als auch das Entwickeln sorgenvoller Katastrophenszenarien, die in der unbekannten Zukunft liegen – beide Denkmuster behindern uns! Sie limitieren uns und unsere Fähigkeiten und verhindern, dass wir im Hier und Jetzt sein und das Leben genießen können.

In vielen Spielfilmen und Büchern werden uns Helden präsentiert, die keine Angst zu kennen scheinen. Furchtlos und tollkühn stürzen sie sich in die gefährlichsten Situationen. Aber – ist das wirklich mutig? Oder eher übermütig? Denn ganz ohne Angst geht es auch nicht. Ohne Angst ist man lediglich waghalsig und verliert schnell den Blick für das Risiko. Schlimmstenfalls kann unüberlegtes Handeln sogar lebensgefährlich sein!

Sich vor etwas zu fürchten, ist also nicht per se schlecht. Sorgen können als Signale dienen und uns dazu bringen, uns bewusst mit unserer Angst zu beschäftigen, oder uns davor bewahren, blindlings loszulaufen. Es kommt vielmehr darauf an, wie sehr man sein Leben von der Angst bestimmen lässt.

Angst, Zweifel und Unsicherheit sind demnach keine Gegenstücke zu Mut – sie sind die Voraussetzung dafür, bewusst zu handeln. Mutig sein bedeutet, seine Angst zu überwinden. Lampenfieber vor einem Vortrag schärft unsere Aufmerksamkeit. Die Furcht vor schlechten Noten motiviert uns zum Lernen. Und wie groß ist der Stolz, wenn wir uns dann doch getraut haben, den attraktiven Mann an der Bar anzusprechen!

Mut ist wie ein Muskel

Nicht wenige Menschen glauben, dass Charaktereigenschaften wie Mut, Willenskraft oder Durchsetzungsvermögen feststehende Größen sind, die sich nicht verändern lassen. Wenn Sie glauben, dass Sie von Natur aus schüchtern sind, dann wird dieser negative Glaubenssatz zu einer sich selbst erfüllenden Prophezeiung.

Die gute Nachricht ist, dass Mut nicht angeboren ist. Mut kann man trainieren – ähnlich wie einen Muskel. Je öfter wir üben, desto stärker werden unser Selbstvertrauen und unsere Zuversicht. Das bedeutet, je häufiger wir unsere Komfortzone verlassen und uns unbekannten Situationen stellen, desto öfter werden wir uns als selbstwirksam erleben. Dabei kommt es nicht einmal darauf an, ob jeder Versuch immer hundertprozentig gelingt. Mit der Zeit sind wir so gestärkt, dass selbst negative Erlebnisse auf dem positiven Erfahrungskonto verbucht werden!

Je öfter Sie also handeln, desto mutiger werden Sie und desto leichter werden Ihnen ähnliche Situationen in der Zukunft fallen. Dabei sollten Sie im Hinterkopf behalten, dass ein Anfänger bei seiner ersten Stunde im Fitnessstudio in der Regel keine 50-Kilo-Hantel stemmen kann. Wie beim Muskeltraining müssen wir mit leichteren Gewichten beginnen und dann die Belastung schrittweise erhöhen.

Es ist völlig normal, wenn am Anfang fast alles wie eine unüberwindbare Hürde wirkt. Aber keine Sorge: Sie müssen nicht von heute auf Morgen auf Olympia-Niveau trainieren und ganz allein in die Disco gehen. Es reicht, bei der nächsten Geburtstagsfeier gezielt mit jemandem zu sprechen, den Sie nicht kennen. Halten Sie einfach nach Gelegenheiten Ausschau, in denen Sie Stück für Stück Ihren Mut stärken können.

Bereits kleine Veränderungen im Alltag lassen unseren Erfahrungsschatz wachsen: Besuchen Sie einen Sprachkurs, essen Sie vier Wochen lang vegan, variieren Sie Ihren Weg zur Arbeit, machen Sie täglich jemandem ein Kompliment ... All diese kleinen Übungen haben einen erstaunlichen Langzeiteffekt auf unser Selbstbewusstsein und unseren Mut!

Je öfter man seinen Mut trainiert, desto größer wird er. Jeder kann bis zu einem gewissen Grad selbst definieren, was für ein Mensch er sein möchte. Unser Körper unterstützt uns in unseren Entscheidungen zudem wesentlich mehr, als wir annehmen. Wagen Sie öfter mal einen mentalen Sprung ins kalte Wasser, und strecken und recken Sie sich dabei. Ich bin mir sicher: Sie sind viel mutiger, als Sie denken!

DIE ROLLE UNSERER KÖRPERHALTUNG

Beim Thema Mut kommt es auch auf die richtige Körperhaltung an – sie trägt entscheidend dazu bei, wie wir uns fühlen. Eine gebeugte Haltung erzeugt eine gedrückte Stimmung und umgekehrt. Diese Wechselwirkung zwischen Körper und Geist wird *embodiment* genannt. Auf Deutsch bedeutet das so viel wie Verkörperung oder Inkarnation. Der portugiesische Neurowissenschaftler Antonio Damasio, der an der University of Southern California lehrt, bringt es auf den Punkt. Er sagt: *„The mind is embodied, not just embrained."* Unser Geist ist also nicht nur ein Produkt unseres Gehirns, er ist auch Teil unseres Körpers. Körper und Geist beeinflussen sich gegenseitig.

Die Auswirkungen körperlicher Prozesse auf unsere innere Haltung – das sogenannte *Body-Feedback* – können wir aktiv nutzen. Stehen wir beispielsweise offen und aufrecht, dann gibt diese Haltung dem Gehirn die Rückmeldung, dass wir uns wohlfühlen und ohne Angst sind. Das wiederum wird als sogenannte Rückkopplungsschleife an unseren Körper und unsere Stimmung weitergeleitet, sodass wir uns letzten Endes durch eine offene, kraftvolle Haltung tatsächlich offen und kraftvoll fühlen.

Es ist oftmals viel leichter, eine gewünschte Verhaltensweise über den Körper zu bewirken als gedanklich über die Sprache. Beobachten Sie sich im Alltag und verändern Sie ggf. Ihre Körperhaltung. Achten Sie vor allem in Situationen, in denen Sie sich Zuversicht und Mut wünschen, auf eine entsprechende Körperhaltung, und atmen Sie locker in den Bauch ein und aus.

Schluss mit dem Vergleichen

Vergleichen ist menschlich. Wir können uns dadurch innerhalb der Gesellschaft verorten. Mal schneiden wir dabei gut ab, mal eher nicht. Indem wir erfahren, wo wir innerhalb unseres sozialen Umfelds stehen, wissen wir, was gut ist und was wir verändern könnten. Laut Astrid Schütz, Professorin für Persönlichkeitspsychologie an der Universität Bamberg, sind Leistung, Soziales und unser Körper die drei Bereiche, in denen wir uns am liebsten mit anderen vergleichen und von denen wir unser Selbstwertgefühl am häufigsten abhängig machen.

Vergleiche bieten uns zwar Orientierung, aber durch die Idee, aus allem das Maximum herausholen zu müssen, entsteht ein wahnwitziger Leistungsdruck. Viele konzentrieren sich beim Vergleichen lediglich auf die eigenen Mängel – das ist ein Top-Nährboden für Selbstzweifel. Wer immerzu an sich zweifelt, wird langfristig unzufrieden und verfällt entweder in Selbstmitleid und Lethargie oder in einen Selbstoptimierungswahn.

Je größer der Unterschied zwischen Realität und Ideal ist, desto größer ist unser Selbstzweifel. Dabei bemerken wir oft nicht, dass wir Äpfel mit Birnen vergleichen. Und so sehen wir uns auf Facebook oder Instagram die Fotos von Filmstars an und werden immer frustrierter, vergessen dabei allerdings völlig, dass viele der Bilder vor ihrer Veröffentlichung bearbeitet worden sind. Gleiches gilt für Selfies und Urlaubsfotos von Freunden und Bekannten: Wer würde schon ein unvorteilhaftes Bild von sich versenden oder posten? Wer erzählt schon gerne von peinlichen Momenten oder Misserfolgen? Passen Sie auf, dass Sie Ihren Selbstwert nicht durch negative Vergleiche minimieren.

Gesunde Selbstzweifel und positive Vergleiche führen hingegen dazu, dass man sich besser vorbereitet oder seine Erwartungen an realistische Möglichkeiten anpasst. Jeder Mensch ist einzigartig, hat individuelle Talente sowie Stärken und Schwächen. Glücklicherweise gibt es immer wieder Überschneidungen und Ähnlichkeiten mit anderen, sodass man voneinander lernen kann. Wenn Sie sich also mit anderen vergleichen, dann tun Sie dies nicht, um sich abzuwerten und in Selbstmitleid zu versinken, sondern lassen Sie sich von anderen inspirieren oder vergleichen Sie sich beispielsweise mit sich selbst, damit Sie täglich zu einer besseren Version Ihrer selbst werden.

Wenn Sie sich beim Zweifeln ertappen, dann machen Sie sich die Methode „The Work“ zunutze, die Sie bereits im Kapitel „Anpassungsfähigkeit und Selbstbehauptung“ ab Seite 56 kennengelernt haben. Ist dieser Zweifel tatsächlich echt? Habe ich als Mensch versagt, wenn ich vier Kilo mehr auf den Rippen habe? Bin ich tatsächlich ungebildet, weil ich kein Studium habe? Macht das Singledasein mich unweigerlich zu einem komischen Kauz?

Je genauer Sie Ihren Zweifel infrage stellen, desto eher werden Sie sehen, dass Ihr Wert als Mensch völlig unabhängig davon ist, wie Sie im Vergleich zu anderen dastehen. Es ist Ihr Leben, also dürfen Sie ganz frei entscheiden, wie Sie es führen möchten. Sie brauchen kein tolles Auto, bloß weil Ihr Nachbar eines fährt. Und der Urlaub im Schwarzwald ist genauso erholsam wie der auf Bali – auch wenn die Fotos vielleicht nicht aussehen wie aus dem Katalog.

Achtsamkeitspraktiken (siehe Seite 71) können Ihnen dabei helfen, bei allzu destruktiver Selbstkritik innezuhalten und sich einen wertfreien Blick auf Ihre Eigenheiten, Fähigkeiten oder Bedürfnisse zu erlauben. So können Sie mit einer gewissen Gelassenheit entscheiden, ob Sie sich in einem bestimmten Bereich weiterentwickeln möchten oder ob Sie sich zu sehr kritisieren.

Es ist wissenschaftlich belegt, dass die Wörter, die wir täglich benutzen, unser Denken und Handeln sowie unsere Wahrnehmung und unsere Erinnerungen beeinflussen. Hören Sie daher bei Ihrem inneren Kritiker ganz genau hin: Würden Sie so auch mit einer guten Freundin sprechen? Was passiert, wenn Sie statt „Ich muss" beispielweise „Ich werde" sagen? Auch Verallgemeinerungen wie „Ich bin immer zu spät" oder „Nie mache ich etwas richtig" dürfen gerne durch eine positive Wortwahl ersetzt werden. Seien Sie gut zu sich und denken Sie daran: Nur wenn Sie sich selbst mögen, können auch andere Ihren Wert erkennen.

ALLES EINE FRAGE DES ALTERS

Unsere Selbstachtung nimmt mit dem Alter tendenziell zu. Ab unserer Jugend steigt unser Selbstwertgefühl kontinuierlich an und erreicht im Alter von etwa 60 bis 70 Jahren den Höhepunkt. Zudem machen wir unser Selbstwertgefühl mit den Jahren immer weniger von äußeren Faktoren abhängig. Wir könnten unsere Selbstzweifel also theoretisch aussitzen – oder wir nutzen Selbstmitgefühl und Selbstfürsorge, um unser Selbstbewusstsein zu steigern, sodass Vergleiche mit anderen uns nicht mehr so leicht aus der Bahn werfen können.

Geben Sie Neid keine Chance

Neid ist eine sehr menschliche Empfindung – ebenso verpönt wie weit verbreitet. Sein Ursprung liegt im Vergleich mit anderen. Ob Erfolg, Geld oder Glück in der Liebe: Wenn wir sehen, dass jemand etwas hat, das wir auch gerne hätten, werden wir schnell grün vor Neid. Dabei muss Neid nicht per se schlecht sein. Durch ihn erkennen wir, was wir uns wünschen und woran es uns mangelt. Er kann uns motivieren, über uns hinauszuwachsen.

Neid ist aber vor allem ein destruktives Gefühl, das weder uns noch anderen guttut – ganz im Gegenteil: Beneiden wir andere beispielsweise um deren gute Beziehungen, laufen wir Gefahr, selbst außen vor zu bleiben. Je mehr wir jemanden beneiden, desto stärker tendieren wir zudem dazu, seine Schwächen und alltäglichen Probleme auszublenden. Stattdessen sehen wir nur die herausragenden Ereignisse oder Errungenschaften. In der Wissenschaft nennt man dieses Phänomen Fokussierungsillusion.

Glücklicherweise können wir hier erfolgreich gegensteuern, indem wir uns bewusst machen, dass jeder sich durch denselben Dschungel aus Problemen, Misserfolgen und Langeweile schlagen muss. Heben Sie Ihren Nachbarn oder Ihren Arbeitskollegen also nicht vorschnell auf ein Podest: Er ist auch nur ein Mensch.

Stellen Sie sich den Bekannten, der immer wie perfekt aus dem Ei gepellt aussieht, morgens beim Aufstehen vor, gehen Sie den realistischen Alltag der vermeintlichen Supermutti durch oder fragen Sie sich, wie sich Ihr Vorgesetzter fühlt, bevor er ein Mitarbeitergespräch führt.

Und denken Sie daran: Es gibt immer jemanden, der charismatischer, lustiger, gebildeter, schöner, erfolgreicher ist als man selbst. Das mindert aber keinesfalls Ihren persönlichen Wert. Sie haben Ihre ganz eigenen Stärken, auf die Sie stolz sein können. Werfen Sie bei Bedarf einen Blick auf die Liste, die Sie im Kapitel „Konzentrieren Sie sich auf Ihre Stärken“ ab Seite 85 angefertigt haben.

PROBIEREN SIE ES MIT MUDITA

Mudita ist ein Wort aus dem Sanskrit und gilt im Yogasutra als eine Grundtugend. Es bedeutet Mitfreude oder Wohlbehagen am Wohlergehen anderer und wird als mitfühlende oder selbstlose Freude verstanden.

Kann jemand etwas besser als Sie? Dann freuen Sie sich für die andere Person. Vielleicht kann sie Ihnen zeigen, wie sie es macht. Ist jemand fitter oder schlanker als Sie? Dann machen Sie sich keine Vorwürfe wegen Ihres eigenen Hüftgolds, sondern freuen Sie sich für den anderen. Statt neidisch zu sein, können Sie die andere Person nach ihrem Erfolgsrezept fragen.

Sobald Sie sich dabei ertappen, dass Sie sich mit anderen vergleichen und neidisch auf deren Erfolge reagieren, üben Sie Mudita. Das ist am Anfang sehr ungewohnt und manchmal auch schwierig, aber Sie profitieren mehrfach davon: Eifersucht und Ärger lassen nach, und Sie werden feststellen, dass die Freude für andere mit der Zeit zu Ihrer eigenen Freude wird, was Ihr persönliches Glücksniveau erhöht und Sie Ihren Mitmenschen näherbringt!

Adieu, Selbstsabotage!

Es ist erstaunlich, wie sehr wir uns durch unsere Erwartungen, Ansprüche sowie negativen Gedanken selbst im Weg stehen. Wir blockieren uns und das Erreichen unserer Lebensziele durch Prokrastination, negative Selbstgespräche und limitierende Glaubenssätze. Oftmals liegt das daran, dass unsere bewussten nicht mit unseren unbewussten Zielen übereinstimmen. Die Synchronisation von Verstand und Unbewusstem – also von Kopf und Bauch – ist entscheidend, um dauerhaft motiviert auf unsere Ziele hinarbeiten zu können.

Der Großteil unserer Entscheidungen – etwa 80 Prozent – wird vom Unbewussten bestimmt, was schnell dazu führt, dass wir X vorhaben und letzten Endes Y tun. Denn unser Unbewusstes trifft nicht – wie der Verstand – Entscheidungen aus einer gewissen Logik heraus, sondern rein hedonistisch: „Mag ich das oder nicht?“

Dieser Hedonismus kann im Extremfall sogar dazu führen, dass wir unbewusst Angst vor Erfolg haben! Aus Furcht vor der unbekannten Zukunft, in der Erfolg bedeuten könnte, dass wir unsere Komfortzone verlassen müssen, bleiben wir lieber bei dem, was wir kennen. Aus Sorge, uns tatsächlich auf jemanden einzulassen und eine tiefe Verbindung einzugehen, ziehen wir uns zurück und bleiben auf der sicheren Seite.

Diese Angst kann sich auf unterschiedliche Weise äußern. Typische Formen der Selbstsabotage sind:

- Aktionismus: Man ist ständig beschäftigt, vielleicht sogar gestresst – nur leider tut man nicht das, was wirklich wichtig wäre. In der Fachsprache nennt man das „aktive Vermeidung". Wer kennt das nicht: Statt endlich ein wichtiges Projekt in Angriff zu nehmen, putzen wir lieber das Bad.
- Perfektionismus: Wie schön, dass einen manche Dinge so wunderbar auf Trab halten. Aber was würde passieren, wenn man tatsächlich fertig würde? Glücklicherweise ist das Ergebnis nie gut genug, also bleibt die Aufgabe auf der To-do-Liste stehen. Bei dieser Art der Selbstsabotage trickst man sich mit dem vermeintlich guten Gefühl aus, aktiv am Ziel zu arbeiten.
- Lethargie: Die Furcht vor bestimmten Aufgaben oder der Zielrealisierung führt zu einer Art Schockstarre. Wir fühlen uns sowohl müde und schwer als auch nervös und unruhig. Unser Energielevel reicht gerade noch für passive Tätigkeiten wie z. B. Fernsehen. Im Extremfall kann dies zu depressiven Verstimmungen führen, die psychotherapeutisch behandelt werden sollten.
- Selbstzweifel und Selbstmitleid: Hier kommen die negativen Glaubenssätze ins Spiel, die wir bereits aus dem Kapitel „Anpassungsfähigkeit und Selbstbehauptung" ab Seite 56 kennen. Entweder zweifeln wir an uns selbst: „Ich bin zu alt", „Ich habe das nicht verdient", „Ich kann das nicht" usw., oder wir suhlen uns in Selbstmitleid: „Ich könnte das, wenn mein Chef mich ließe", „Frau Müller

kann das einfach besser als ich", „Jemand wie ich sollte so etwas gar nicht erst probieren" usw. So finden wir immer wieder neue Gründe, um gar nicht erst anfangen zu müssen.

Um gegen die häufigste Form der Selbstsabotage – Selbstzweifel und Selbstmitleid – vorzugehen, ist es besonders wichtig, verständnisvoll mit sich selbst umzugehen. Sich selbst gegenüber empathisch zu sein, bedeutet nicht, dass man sich dauerhaft und übermäßig lobt. Es geht vielmehr darum, dem inneren Kritiker Einhalt zu gebieten und freundlich mit sich selbst zu sprechen.

Stellen Sie sich vor, jemand bittet Sie um Hilfe, und jeder Ihrer Vorschläge wird mit einem „Ja, aber" abgeschmettert. Den Fokus auf die vermeintlichen Gründe dafür zu legen, warum etwas nicht geht, verschließt uns für Lösungen, Gelegenheiten und Chancen. „Ich habe nicht genug Zeit", „Mein Ehemann hält mich zurück", „Ich bin nicht qualifiziert genug" … All diese Aussagen mögen stimmen, die Frage ist jedoch, wie wir mit diesen äußeren Umständen umgehen. Sie als Vorwand zur Tatenlosigkeit zu nutzen, bringt keine positive Veränderung. Je mehr wir uns darauf konzentrieren, warum etwas nicht geht, desto mehr wird dies zur Grundlage unserer Handlungen.

Versuchen Sie deshalb künftig, bei jedem „Ja, aber" zu überlegen, was alles *für* die Idee spricht. Nehmen wir an, Sie glauben, die neue Bekanntschaft kann nicht zu einer Freundschaft werden. Dann hebeln Sie bewusst jedes „Ja, aber", das aufkommt, mit Gründen aus, warum es doch möglich ist.

Limitieren Sie sich nicht, sondern begründen Sie, warum Sie ein Recht auf ein gutes Leben und auf bereichernde Freundschaften haben. Halten Sie Ihre Gründe, Erkenntnisse und Lösungen schriftlich fest. Indem Sie den Fokus auf die Dinge legen, die für eine Zielerreichung sprechen, öffnen Sie den lösungsgenerierenden Teil Ihres Gehirns und bewegen sich automatisch in die richtige Richtung.

Der innere Dialog

Mit sich selbst zu sprechen, ist vollkommen normal und kann sogar hilfreich sein. Vielleicht haben Sie schon einmal festgestellt, dass Sie sich Dinge besser merken können, wenn Sie sie laut aussprechen. Studien zufolge fördern Selbstgespräche die Konzentration und steigern mitunter sogar die Leistungsfähigkeit. Innere Dialoge helfen dabei, Gedanken zu ordnen, sich über Gefühle klar zu werden und sich zu fokussieren.

Wir neigen dazu, ein Viertel unserer Zeit mit inneren Dialogen zu verbringen. Der britische Psychologe Charles Fernyhough fand heraus, dass wir bei Selbstgesprächen bis zu 4.000 Wörter pro Minute verwenden. Das sind zehnmal mehr als in normalen Gesprächen. Umso wichtiger ist es, darauf zu achten, wie wir mit uns selbst sprechen!

Es spricht nichts gegen eine gesunde Portion Selbstkritik – dadurch vermeiden wir, immer wieder in dasselbe Fettnäpfchen zu treten. Problematisch werden die inneren Gespräche nur dann, wenn sie grundsätzlich und dauerhaft negativ sind. Unsere Gedanken formen sich zu einem negativen Selbstverständnis, und Aussagen wie „Ich bin dumm“, „Keiner mag mich“ und „Ich bin unscheinbar“ bestimmen, wie wir uns und unsere Umwelt wahrnehmen und auf sie reagieren.

Sobald Sie bemerken, dass Sie hart oder unfreundlich mit sich selbst umgehen, überlegen Sie sich, wie Sie mit jemandem sprechen würden, dem Ähnliches passiert ist. Behandeln Sie sich so, wie Sie Ihre beste Freundin behandeln würden. Wäre ihr dieses Missgeschick passiert, würden Sie dann ebenfalls mit ihr schimpfen? Oder würden Sie sie eher trösten und ihr sagen, dass alles halb so schlimm ist?

Versuchen Sie, Ihren Geist zu beruhigen und sich in Selbstmitgefühl zu üben. Meditieren Sie, machen Sie einen Spaziergang im Grünen oder gehen Sie einer einfachen, körperlichen Tätigkeit nach, die keine kognitive Arbeit verlangt, z. B. Staubsaugen. Dann verbinden Sie Ihre persönliche Beruhigungstaktik mit Empathie und Ermunterungen. Manchmal hilft bereits ein einfacher Wenn-dann-Satz: „Wenn ich anfange, mich selbst zu beschimpfen, dann sage ich ‚Stopp', atme tief durch und gratuliere mir, weil ich mich bei einer Selbstsabotage ertappt habe."

„Es ist gut, Fehler zu machen", „Schritt für Schritt lerne ich dazu" usw. sind weitere positive Glaubenssätze, die sich wie eine Verbesserung anfühlen, sich aber im Bereich dessen befinden, was Sie über sich selbst wissen. Es geht weder um Selbstbetrug noch darum, sich etwas einzureden. Das eigentliche Ziel ist es, eine zuversichtliche Haltung einzunehmen, die es Ihnen erleichtert, an die Wahrheit der neuen Gedanken zu glauben und somit Ihre Wahrnehmung zu ändern.

EMPATHIE IN SCHWIERIGEN ZEITEN

Nehmen wir beispielsweise die Kontaktbeschränkungen während des Corona-Lockdowns: Man könnte hart mit sich ins Gericht gehen und sich dafür kritisieren, dass man mit der erzwungenen Einsamkeit nicht klarkommt. Oder man könnte sich mit sanften Worten trösten: „Es ist schwer, niemanden persönlich treffen zu können und von Freunden und Familie getrennt zu sein. Es ist okay, dass ich traurig bin." Sprechen Sie die Worte am besten laut aus, um ihre Wirkung zu verstärken.

Denken Sie daran: Was Sie sich selbst sagen, ist die Grundlage für Ihre Handlungen! Oder wie Henry Ford es ganz passend sagte: „Ob Sie glauben, Sie können es, oder ob Sie glauben, Sie können es nicht, Sie werden auf jeden Fall Recht behalten." Wenn wir uns immer wieder einreden, dass etwas nicht möglich ist, dann werden wir viele Chancen verpassen. Um zu erreichen, was uns wichtig ist, müssen wir uns selbst anfeuern und uns sagen, dass wir es schaffen können. Drehen Sie also den negativen Dialog so oft wie möglich um. Das mag sich zu Anfang ungewohnt anfühlen, wird aber mit etwas Übung immer leichter.

Ich will etwas verändern

Vielleicht wundern Sie sich gerade über den Titel dieses Kapitels: „Wie, *etwas* ändern? Ich will *mich* ändern!“ Glauben Sie mir: Sie sind gut, so wie Sie sind. Selbstverständlich gibt es bei jedem von uns den einen oder anderen Bereich, der einer Verbesserung bedarf, aber es braucht keine vollständige Generalüberholung. Machen Sie sich lieber mit kleinen Schritten auf den Weg, anstatt sich zu sehr auf die Distanz zum erhofften Ziel zu fokussieren und dadurch von vornherein den Mut zu verlieren.

Ich gehe stark davon aus, dass Ihre Einsamkeitsgefühle nicht daraus resultieren, dass Sie alle Menschen um sich herum als langweilig, uninteressant oder Ihrer nicht würdig empfinden. Bei den meisten Menschen, die sich einsam fühlen, sind eher Selbstzweifel die Ursache: „Bin ich okay, so wie ich bin?“, „Was könnte mich interessanter, warmherziger oder sympathischer machen?“, „Welche Eigenschaften schätzen andere Menschen?“, „Muss ich mich vielleicht ganz neu erfinden, damit ich gemocht werde?“

Viele Punkte auf der vermeintlichen Mängelliste hängen mit falschen Vorstellungen und negativen Glaubenssätzen zusammen, wie beispielsweise, dass es schöne Menschen leichter haben. Es mag sein, dass Menschen mit universellen Schönheitsmerkmalen wie einer bestimmten Gesichtssymmetrie der erste Schritt leichter fällt, allerdings hängt es von unseren Erfahrungen sowie von sozialen und genetischen Faktoren ab, wie attraktiv wir jemanden finden.

Wie entsteht Sympathie?

Wissenschaftler der California State University haben sich mit der Frage beschäftigt, wodurch starke Sympathie zwischen zwei Personen entsteht. Das Ergebnis: Offenheit auf beiden Seiten macht sympathisch, ebenso wie gemeinsame Interessen, Vorlieben sowie ein ähnlicher Humor. Ein umgänglicher Charakter sowie ähnliche Werte und Sehnsüchte haben ebenfalls einen Einfluss darauf, wie sympathisch sich zwei Menschen sind. Die wechselseitige körperliche Attraktivität spielte bei Freundschaften keine so relevante Rolle wie beispielsweise bei Liebesbeziehungen.

Äußerliche Faktoren wie Aussehen, Gewicht, Alter, Narben oder körperliche Einschränkungen sind zudem weit weniger ausschlaggebend, als manche glauben. Es sind die sozialen und kommunikativen Interkationen, die entscheidend sind. Sie laufen meistens unbewusst ab, was nicht heißen soll, dass man keinen Einfluss auf sie nehmen kann – denn das kann man.

Wenn Sie sich wünschen, dass andere Sie sympathisch finden, dann müssen Sie zunächst lernen, sich selbst zu mögen. Wie das geht, haben Sie bereits im Kapitel „Mehr Selbstfürsorge im Alltag" ab Seite 68 erfahren. Machen Sie sich zudem bewusst, dass Sie nicht von allen gemocht werden können und auch nicht jeden mögen müssen. Manche Menschen werden sich nie für uns erwärmen, egal wie sympathisch wir sind.

Obwohl es Möglichkeiten gibt, unsere Sympathie zu steigern, sollten Sie nicht vergessen, dass Sie nicht jedem gefallen müssen. Finden Sie die Menschen, die zu Ihnen passen und die Sie so akzeptieren, wie Sie sind. Wenige wahre Freundschaften sind viel wertvoller als zahllose oberflächliche Bekanntschaften, bei denen man sich verstellt, um andere zu beeindrucken.

Die Psychologin Samantha Heintzelman erhielt auf die Frage „Wie soll man sich in 100 Jahren an Sie erinnern?" überraschende Antworten. Die meisten Befragten wünschten sich, dass andere sie nach ihrem Tod sowohl mit ihren guten als auch mit ihren schlechten Seiten im Gedächtnis behielten. Uns ist klar, dass wir nicht nur aus guten Eigenschaften bestehen. Das ist auch gar nicht das Ziel! Wichtig ist, dass unser Gegenüber spürt, dass er bei uns willkommen ist und er selbst sein darf. Im Gegenzug werden auch wir mit all unseren Facetten akzeptiert und geschätzt.

Kommunikation ist der Schlüssel

In einer Studie der US-amerikanischen Ethik-Professorin Karen Huang sollten sich Teilnehmer unterhalten und dabei Fragen an ihr Gegenüber stellen. Einmal sollten sie mindestens neun Fragen stellen und einmal maximal vier. Am besten schnitten die Gespräche ab, in denen viele Fragen gestellt worden waren. Insbesondere dann, wenn die Fragen Bezug auf die Unterhaltung nahmen und der Zuhörer interessiert an den Aussagen seines Gegenübers war. Anderen aufmerksam zuzuhören und nach Details zu fragen, macht ein Gespräch demnach angenehm und den Zuhörer sympathisch.

Wenn Ihnen Ihr Kollege also am Montag erzählt, dass er in den Urlaub gefahren ist, dann fragen Sie nach, was er erlebt hat. Wenn Ihre Nachbarin erwähnt, dass ein Familienmitglied krank ist, dann erkundigen Sie sich, wie es demjenigen mittlerweile geht. Erzählt Ihnen ein Bekannter von seinen Plänen oder Träumen, dann haken Sie nach, was daraus geworden ist. Es verleiht Ihnen viele Sympathiepunkte, wenn Sie zuhören und echtes Interesse zeigen.

Finden Sie zudem heraus, was Ihr Gegenüber interessiert: Was sind seine Hobbies? Was seine Lieblingsmusik, -filme, -bücher? Gemeinsame Interessen verbinden nicht nur, sie machen auch sympathischer. Zwar kann man bei der Suche nach Gemeinsamkeiten auch durch Kritik zusammenfinden („Dieses Buch fand ich furchtbar" – „Ich auch!"), aber insgesamt sollte man sich beim Kritisieren zurückhalten. Sich immer wieder darüber zu beklagen, wie hundsmiserabel der Chef oder wie forsch die Nachbarin ist, kann beim Gegenüber den Eindruck hinterlassen, dass Sie ein Pessimist sind und vielleicht auch schlecht über ihn reden.

Besonders wichtig für gelungene Kommunikation ist Empathie: Fühlen Sie sich in den anderen ein. Es ist ein Grundbedürfnis des Menschen, verstanden zu werden. Ehrliches Mitgefühl tut uns gut. Stellen Sie gezielte Fragen, um mehr darüber zu erfahren, was in Ihrem Gegenüber vorgeht. Mehr zum Thema Empathie finden Sie auf Seite 142.

So sehr Sie auch einen guten Eindruck hinterlassen möchten: Passen Sie auf, dass Sie nicht prahlen. Sie müssen Ihre Qualitäten keinesfalls verbergen, denn auch Ihr Gesprächspartner hat ein Interesse daran, Sie kennenzulernen – aber achten Sie auf einen ausgeglichenen Redeanteil innerhalb der Konversation sowie darauf, dem anderen aktiv zuzuhören. Sich selbst in den höchsten Tönen zu loben, ist nicht sympathisch und zudem anstrengend für denjenigen, der zuhört.

SOZIALES MIMIKRY

Die Spiegeltechnik, auch bekannt als Chamäleoneffekt oder soziales Mimikry, schafft Sympathie und Vertrauen. Es ist wissenschaftlich belegt, dass wir jemanden umso sympathischer finden, je ähnlicher er uns ist. Finden wir unser Gegenüber sympathisch, steigt die Wahrscheinlichkeit, dass wir ihn unbewusst nachahmen. Wir signalisieren damit, dass wir den anderen mögen, und können damit auch unsere eigene Beliebtheit steigern.

Sie können diesen Effekt aktiv nutzen, indem Sie die Körperhaltung, Gestik oder Mimik Ihres Gegenübers dezent spiegeln. Insbesondere Mikrogesten wie Lächeln, Gähnen oder Nasekratzen wirken sehr ansteckend – im positivsten Sinne.

Die eigene Persönlichkeit

Jeder Mensch ist einzigartig und hat individuelle Gewohnheiten, Marotten, Bedürfnisse, Motive, Werte, Sichtweisen, Fähigkeiten und Talente. Dennoch ähneln wir einander, und vieles lässt sich in übergeordneten Grundzügen der Persönlichkeit zusammenfassen. In der Psychologie wurden fünf Charakteristika definiert, die wir als Basis nutzen können, um das Grundwesen einer Person zu beschreiben. Sie sind unter der Bezeichnung „Big Five" bekannt:

- Extraversion: Dieser Persönlichkeitszug beschreibt, wie gesellig, lebhaft, gut gelaunt, aktiv und durchsetzungsfähig jemand ist. Introvertierte sind eher still und zurückhaltend, aber nicht zwangsläufig schüchtern.
- Neurotizismus: Dieses Merkmal beschreibt die psychische Stabilität eines Menschen. Menschen mit hohem Neurotizismus reagieren empfindlicher auf negative Einflüsse, Emotionen und Gedanken. Sie fühlen sich häufiger nervös und angespannt und grübeln mehr als andere. Neurotizismus beschreibt zudem, wie anfällig oder resistent man gegenüber Stress ist.
- Verträglichkeit: Dieser Wesenszug umfasst unsere altruistischen, mitfühlenden und wohlwollenden Neigungen. Verträgliche Menschen sind vertrauensvoll, kooperativ, freimütig, selbstlos, bescheiden und eher nachgiebig. Menschen mit geringerer Verträglichkeit nehmen weniger Rücksicht auf andere und sind egozentrischer.
- Gewissenhaftigkeit: Dieses Merkmal beschreibt, wie organisiert jemand durchs Leben geht. Gewissenhafte Menschen sind tüchtig, ordnungsliebend, pflichtbewusst, leistungsorientiert, diszipliniert und zielstrebig. Menschen mit geringerer Gewissenhaftigkeit lassen die Dinge eher auf sich zukommen.
- Offenheit: Dieser Charakterzug beschreibt unsere Offenheit gegenüber neuen Erfahrungen, Gefühlen, Ideen und Sichtweisen. Offene Menschen lieben die Abwechslung, Ungewohntem begegnen sie unvoreingenommener und gelassener. Zudem lassen sie sich in

ihrem Urteil weniger von anderen leiten. Offene Menschen schätzen kulturelle und intellektuelle Anregungen, weniger offene Personen halten lieber am Gewohnten fest.

Die Art und Weise, wie jemand seine Freundschaften pflegt und lebt, lässt Rückschlüsse auf seinen Charakter zu. Wie offen, fürsorglich oder selbstlos sind wir gegenüber unseren Freunden? Sind wir in der Lage, jemandem in der Not beizustehen und uns für seine Erfolge von Herzen zu freuen? Wie gut sind wir organisiert, um im manchmal stressigen Alltag sowohl unseren Freundes- als auch den Bekanntenkreis nicht aus den Augen zu verlieren?

Auch die Fähigkeit, eine Freundschaft über Jahre hinweg zu pflegen, sagt etwas über die eigene Persönlichkeit aus. Denn mit jemandem über alle Höhe- und Tiefpunkte hinweg eine gemeinsame Geschichte entwickeln zu können, bedeutet, dass man mit menschlichen Schwächen gut klarkommt – im Idealfall auch mit den eigenen.

Glücklicherweise lassen sich viele dieser „Freundschaftsfähigkeiten" entwickeln, falls sie nicht von vornherein vorhanden sind. Indem wir uns beispielsweise in Empathie üben, können wir lernen, Signale leichter wahrzunehmen und richtig zu deuten. Wir können zudem lernen, offener auf andere zuzugehen, auch wenn wir von Natur aus eher introvertiert sind.

Es mag auf den ersten Blick utopisch anmuten, ungeliebte Verhaltensweisen und Eigenschaften wie Schüchternheit oder den Hang, sich zu viele Gedanken zu machen oder anderen ins Wort zu fallen, überwinden zu können. Viele glauben, dass die eigene Persönlichkeit unveränderlich ist.

Untersuchungen zeigen aber, dass unser Gehirn seine Struktur verändern kann, und zwar bis ins hohe Alter! Man nennt dieses Phänomen neuronale Plastizität. Unser Charakter ist demnach etwas, das sich im Laufe der Zeit entwickelt und verändert. Dabei stärkt die häufige Benutzung von Nervenverbindungen die Effektivität einer neuen Verhaltensweise. Das bedeutet, je öfter ich etwas denke oder tue, desto stärker wird die entsprechende Nervenverbindung. Dabei läuft der Lernprozess im Hirn immer gleich ab, egal ob ich eine neue Sportart, eine Fremdsprache oder eine Verhaltensweise lerne. Ist das Netzwerk erst einmal gefestigt, laufen die jeweiligen Handlungen quasi automatisch ab.

Alte, unerwünschte Verhaltensweisen können wir somit ablegen und neue, gewünschte erlernen. Das Zürcher Ressourcen Modell (ZRM®), das ich Ihnen im folgenden Kapitel vorstelle, hilft Ihnen nicht nur dabei, Ihre persönliche neue Haltung zu definieren, sondern unterstützt Sie auch darin, die neue Lebensweise in ein dauerhaft tragfähiges Haltungsziel zu verwandeln.

Das Zürcher Ressourcen Modell

Alle Menschen haben Veränderungswünsche. Sei es souveräner aufzutreten, konzentrierter zu arbeiten, gelassener zu sein, sich besser abgrenzen zu können, gesünder zu leben, entscheidungsfreudiger zu sein, mehr Selbstbewusstsein zu zeigen, endlich auf andere zuzugehen, ... Die Wünsche sind so individuell wie Sie und ich.

Selbst wenn wir wissen, was wir verändern wollen, und diese Veränderungswünsche vielleicht sogar sehr vernünftig sind, fällt es uns dennoch oft schwer, langfristig dranzubleiben. Das gilt insbesondere in Stress- und Drucksituationen sowie bei Ablenkung, Über- oder Unterforderung oder unbefriedigten Grundbedürfnissen. Da bricht unsere Selbstdisziplin schnell zusammen und wir verfallen wieder in die alten, ungeliebten Muster, die wir doch eigentlich verändern wollten.

Mit dem Zürcher Ressourcen Modells (ZRM®) möchte ich Ihnen eine Methode an die Hand geben, mit deren Hilfe Sie herausfinden können, was Sie wirklich wollen, wie Sie es umsetzen können und wie Sie vor allem dranbleiben. Sie erlernen eine Selbstmanagement-Methode, die Sie dazu befähigt, Ihre Wünsche und (unbewussten) Bedürfnisse zu erkennen und zu realisieren. Sie lernen zudem, ungeliebte Verhaltensmuster durch gewünschte zu ersetzen und selbstbestimmt durchs Leben zu gehen.

Das ZRM® wurde von den Psychologen Dr. Maja Storch und Dr. Frank Krause für die Universität Zürich entwickelt. Es basiert auf aktuellen psychologischen und neurobiologischen Erkenntnissen über Stress, Motivation, Lernen und Handeln.

Im ZRM® geht es darum, dass sich jeder über die eigenen Ziele und Bedürfnisse bewusst wird, und zwar selbstständig und in kurzer Zeit. Darauf aufbauend entdeckt und entwickelt man seinen individuellen Ressourcenpool, um die selbst gesteckten Ziele mit Freude und intrinsischer Motivation umzusetzen. Zu diesem Zweck muss man sich zunächst mit sich und seinem Leben auseinandersetzen. Das mag nicht immer angenehm sein, und dennoch möchte ich Sie ermutigen, diese Zeit, in der Sie sich selbst und Ihre Bedürfnisse besser kennenlernen, zu genießen. Alles, was Sie brauchen, ist etwas Geduld.

Es gibt themenspezifische ZRM-Workshops und -Coachings, bei denen ein spezielles Thema bearbeitet wird, wie beispielsweise leichter mit schwierigen Menschen klarzukommen, selbstbewusster aufzutreten oder abzunehmen. Befasst man sich das erste Mal mit ZRM®, empfehle ich, ohne eine spezifische Frage und ganz offen in einen Workshop oder ein Coaching zu gehen. Lassen Sie sich von Ihrem Unbewussten überraschen – Sie werden erstaunt sein, wie gut es weiß, was Sie im Moment brauchen!

Ich möchte Ihnen anhand einiger Beispiele aus meiner Berufspraxis exemplarisch aufzeigen, wie Sie ausgewählte Instrumente aus dem ZRM® für sich und Ihre Veränderungswünsche nutzen können. Die Beispiele basieren auf typischen Geschichten meiner Klienten, die für dieses Buch anonymisiert und akzentuiert wurden, sodass keine Rückschlüsse auf die dahinterstehenden Personen möglich sind und die Vertraulichkeit gewahrt bleibt.

Eine kurze Vorstellungsrunde

Daniela, Chris und Bettina treffen sich in einem Selbstmanagement-Workshop. Sie alle möchten etwas in ihrem Sozialleben verändern. Einige kommen mit einem spezifischen Thema, bei anderen ist der Veränderungswunsch eher diffus – sie alle aber sind mit ihren Freundschaften und Kontakten nicht zufrieden.

Die 53-jährige Bettina arbeitet als Assistentin und ist alleinerziehende Mutter von zwei Teenagern. Sie ist sehr gewissenhaft und möchte es allen recht machen. „Ich fühle mich manchmal wie in einer Einbahnstraße. Wenn ich mich nicht regelmäßig bei meinen Bekannten und Freundinnen melde, dann schläft der Kontakt ein. Ich frage mich, woran das liegt. Sind die wirklich alle so beschäftigt? Vielleicht bin ich auch einfach zu langweilig."

Chris ist 24 Jahre alt und Student. „Ich bin leider wahnsinnig schüchtern und kriege den Mund kaum auf, vor allem nicht in Gruppen oder gegenüber Frauen. Mein bester Kumpel sagt immer, ich soll mich mal locker machen, aber ich weiß nicht wie. Er studiert weit weg und wir sehen uns selten. Mit ihm zusammen war es weniger schwierig, neue Leute kennenzulernen. Ich wäre gerne wie er."

Daniela ist 67 Jahre alt und pensioniert. „Als ich gearbeitet habe, haben mir meine Familie und die Kollegen genügt. Jetzt fehlt mir eine beste Freundin – so eine wie früher in der Jugend. Ich weiß nur gar nicht mehr, wie das geht: Leute kennenlernen, Freundschaften schließen. Wie will man in meinem Alter noch eine neue Freundin finden?"

SELBST- ODER ZEITMANAGEMENT?

Selbstmanagement und Zeitmanagement werden oft verwechselt, dabei greift Selbstmanagement viel tiefer. Zeit lässt sich nicht managen, sie vergeht immer gleich schnell. Selbstmanagement hingegen bedeutet, Verantwortung zu übernehmen und sich selbst zu verwirklichen. Ein tiefes Verständnis für die eigene Persönlichkeit ist dabei entscheidend. Wenn man weiß, was man will, ergeben sich die Prioritäten von selbst. Man kann leichter Grenzen setzen und damit Freiräume schaffen. Kennt man seine Bedürfnisse, kann man Ziele formulieren und verfolgen. Statt sich zu langweilen, sich ablenken zu lassen oder Dinge zu tun, die man eigentlich nicht tun möchte, ist man fokussiert und arbeitet auf etwas Konkretes hin. So hat man automatisch mehr Zeit für das, was wirklich wichtig ist.

Schritt 1: Was genau möchten Sie verändern?

Bettina, Chris und Daniela haben zwar bei der Vorstellung bereits ihr Problem beschrieben, dennoch werden sie im ersten Schritt gebeten, noch einmal darüber nachzudenken, was genau ihr Veränderungswunsch bzw. ihr Optimierungsbedarf ist. Folgende Fragen können bei der Selbstreflexion helfen (Sie finden Arbeitsblätter zum Ausdrucken sowie die vollständig ausgefüllten Fragebögen der drei Beispielpersonen unter www.silkeweinig.com/einsamkeit-ueberwinden-freunde-gewinnen):

- Was sind für Sie die größten Hindernisse, um ...
  - Ihre Einsamkeit zu überwinden?
  - auf andere zuzugehen?
  - sich auf einen anderen Menschen einzulassen?

- Woran liegt es, dass Sie ...
  - bestehende Bekanntschaften nicht ausbauen?
  - Freundschaften nicht genügend pflegen?
  - nicht die gewünschte Verbindung aufbauen können?
- Was wünschen Sie sich im Austausch mit anderen Menschen?
- Welche Freundschaften tun Ihnen gut?
- Was bräuchten Sie, um sich im Austausch mit anderen wohl/sicher zu fühlen?
- Woran würden Sie merken, dass sich etwas positiv verändert hat?

Gehen Sie anschließend noch ein wenig tiefer in die Selbstreflexion. Welche Rückschlüsse ziehen Sie aus Ihren Erkenntnissen? Was genau wünschen Sie sich? Formulieren Sie daraus Ihren Vorsatz oder Ihre Vorsätze. Es können gerne mehrere sein, und sie können sich auch widersprechen. Sie können sich durchaus mehrere Dinge wünschen und unterschiedliche Bedürfnisse haben – schließlich stecken Sie nicht immer in derselben Situation bzw. in derselben Rolle.

Bettinas Veränderungswunsch: „Ich will darauf vertrauen, dass man mich mag und sympathisch findet – einfach so!“

Chris’ Veränderungswunsch: „Ich will selbstbewusster sein und die Dinge lockerer nehmen bzw. mir weniger Sorgen machen.“

Danielas Veränderungswunsch: „Ich will wieder offener gegenüber anderen Menschen sein. Ich will mutig und zuversichtlich sein.“

Schritt 2: Mit dem Unbewussten ein passendes Bild finden

Wie kann man herausfinden, was das Unbewusste möchte? Im ZRM® tun wir dies durch Bilder – entweder durch konkrete Fotos oder durch sogenannte Wunschelemente: Das sind Bilder, die Sie in Ihrem Kopf entstehen lassen. Durch dieses Projektionsverfahren bekommen wir einen Zugang zu unserem Unbewussten, das in Bildern spricht und daher über Bildsprache gut zugänglich ist. Lebensbilder sind eine wertvolle Ressource, wenn es um die Identifikation und Umsetzung von Werten und Zielen geht.

Die Wahl der Bilder findet spontan statt – durch ein wohliges Gefühl im Bauch, Leichtigkeit im Herzen oder ein Lächeln, das sich automatisch einstellt. Sie kennen diese Gefühle unter dem umgangssprachlichen Begriff Bauchgefühl, wobei sich unser Unbewusstes mithilfe des gesamten Körpers auszudrücken vermag. In der Fachsprache sprechen wir von somatischen Markern. *Soma* ist griechisch und bedeutet Körper und Marker steht für die körperlichen Regionen, wo sich die Gefühle äußern.

Die somatischen Marker funktionieren wie eine Art inneres Ampelsystem und geben uns entweder grünes Licht oder sagen Stopp! Das muss übrigens weder logisch noch vernünftig sein, denn es speist sich aus den Erfahrungen des sogenannten „emotionale Erfahrungsgedächtnisses" – ein anderer Begriff für unser Unbewusstes. In diesem Gedächtnis wird zeitlebens – schon im Mutterleib! – Erlebtes gespeichert und gefühlsmäßig bewertet: „Mag ich, bitte wiederholen" oder „Mag ich nicht, bloß kein zweites Mal". Das erklärt, warum manche negative Gewohnheiten, wie Rauchen oder mangelndes Selbstbewusstsein, so schwer zu ändern sind. Habe ich in der Vergangenheit gute Erfahrungen damit gemacht, durch sehr braves und angepasstes Verhalten die Aufmerksamkeit meiner Eltern zu erhalten, werde ich in späteren Beziehungen ähnlich vorgehen, damit sich in mir ein gutes Gefühl einstellt. Das kann funktionieren und gut laufen, aber auch dazu führen, dass man überkontrolliert oder überangepasst mit anderen interagiert.

Im ZRM® nutzen wir die Botschaften unseres Körpers, indem wir bei der Zielfindung darauf achten, welche Bilder positive somatische Marker in uns auslösen – also mit unseren bisherigen Lebenserfahrungen harmonieren. Überlegen Sie, welche Pflanzen, Tiere, Vorbilder, Landschaften, Symbole oder sonstigen Vorstellungen für Sie genau die Eigenschaften versinnbildlichen, die Ihnen helfen, Ihren Vorsatz in die Tat umzusetzen. Was steht für die gewünschte Eigenschaft? Was würde Sie ermutigen, stärken oder beruhigen? Nehmen Sie dazu das Arbeitsblatt zur Hilfe und gehen Sie spontan vor. Schreiben Sie das Erste auf, was Ihnen einfällt, ohne groß darüber nachzudenken. Es ist in Ordnung, wenn Ihnen nicht zu jedem Punkt ein Wunschelement einfällt. Anschließend wählen Sie zwei Lieblingswunschelemente aus, mit denen Sie weiterarbeiten möchten. Schauen wir uns an, welche inneren Bilder Bettina, Chris und Daniela haben:

Bettina: Lotusblume & Pippi Langstrumpf

Chris: Elefant & Wanderweg mit Steinbrücke

Daniela: Balu der Bär & Flussdelta

Schritt 3: Von der Bildsprache in konkrete Sprache

Mithilfe der Wunschelemente haben wir unserem Unbewussten die Möglichkeit gegeben, sich uns mitzuteilen. Nun geht darum zu verstehen, was uns unser Unbewusstes mit diesen Bildern sagen will. Warum hat es gerade diese inneren Bilder zu uns geschickt?

Wie kommen wir nun an diese Information heran? Das ZRM® hat zu diesem Zweck den sogenannten Ideenkorb entwickelt. Hierbei werden zu jedem gewählten Bild positive Assoziationen gesammelt. Alles ist erlaubt: Beobachtungen, Fantasien, Erinnerungen, Gerüche, Farben, Klänge, Gefühle usw. Es sollten dabei möglichst alle Sinneskanäle angesprochen werden.

Im Rahmen eines Workshops kann aus dieser Übung ein Gruppen-Brainstorming gemacht werden, um neue Perspektiven zu gewinnen. Ansonsten können Sie das Wunschelement beispielsweise in eine Suchmaschine eingeben und schauen, welche Informationen Sie dazu erhalten. Auch die Suche nach Synonymen oder Übersetzungen kann die Fantasie anregen, oder Sie fragen Familienmitglieder, Arbeitskollegen oder Freunde, was sie mit den jeweiligen Elementen assoziieren.

Der Fantasie sind hierbei keine Grenzen gesetzt. Achten Sie lediglich darauf, dass alle Assoziationen positiv sind. Aus den Ideenkörben wählen Sie anschließend Ihre Lieblingswörter/-gedanken aus. Positive somatische Marker können Ihnen hierbei behilflich sein.

Schauen wir uns an, zu welchen Ergebnissen unsere Teilnehmer gekommen sind:

Bettina: **Lotusblume** (aufblühen; der zarte Stiel trägt locker die prächtige Blüte und schützt diese nachts) & **Pippi Langstrumpf** (mutig und abenteuerlustig; nimmt die Dinge, wie sie kommen; unbeschwert)

Chris: **Elefant** (stark; Ganesha – weiser Überwinder aller Hindernisse) & **Wanderweg mit Steinbrücke** (meine Gedanken laufen lassen; ich bin auf dem richtigen Weg)

Daniela: **Balu der Bär** (Lebenskünstler; Probier's mal mit Gemütlichkeit) & **Flussdelta** (nach allen Seiten offen; fließt langsam und stark; hat schon einen weiten Weg geschafft)

Schritt 4: Das Ziel formulieren

Aktuelle Ergebnisse aus der Motivationspsychologie zeigen, dass nachhaltige intrinsische Motivation weniger mit konkreten Verhaltenszielen, sondern viel mehr durch bildhaft formulierte Motto-Ziele erreicht werden können. Mithilfe Ihres Bildes und ausgewählter Assoziationen können Sie ein solches Ziel formulieren, das sowohl Kopf wie auch Bauch anspricht.

Dafür wählen Sie aus Ihrem Ideenkorb die Ideen aus, die bei Ihnen rein positive Gefühle auslösen – vielleicht Wärme im Bauch, Leichtigkeit im Herzen oder inneren Frieden. Sollte sich bei manchen Wörtern gleichzeitig ein unangenehmes Gefühl einschleichen, dann wählen Sie dieses nicht aus – egal wie groß der positive Affekt ist und wie klein der negative.

Schreiben Sie die ausgewählten Ideen auf ein Blatt Papier und überlegen Sie, weshalb Ihr Unbewusstes ausgerechnet auf diese Wörter und Ideen so positiv reagiert. Schreiben Sie Ihre Gedanken ungefiltert auf, auch wenn sie sich scheinbar widersprechen: „Ich will fest verwurzelt sein und frei in den Himmel wachsen." Limitieren Sie sich nicht mit Gedanken wie „Das geht doch gar nicht" oder „Schön wär's, aber das bin ich nicht". Im Moment sind lediglich Ihre Kreativität und Ihre Fantasie gefragt.

ZIEL IST NICHT GLEICH ZIEL

Ein motivierendes Ziel ist ein Ziel, das starke Gefühle in uns hervorruft. Zwar können auch negative Gefühle stark motivierend sein, aber sie kosten Kraft. Man nennt diesen Zieltyp Vermeidungsziel, weil man bei der Zielverfolgung darauf fokussiert ist, das Schlimmste zu vermeiden. Wenn Sie also wie verrückt büffeln, um schlechte Noten, enttäuschte Eltern und Nachhilfeunterricht zu vermeiden, dann ist das nicht der richtige Antriebsfaktor, um dauerhaft motiviert zu bleiben.

Wenn Sie hingegen an den Inhalten interessiert sind und zeigen möchten, was Sie können, dann fällt Ihnen das Lernen automatisch leichter – ja, es macht sogar Spaß. Diesen Zieltyp nennt man Annäherungsziel: Ihr Tun ist darauf ausgerichtet, sich Ihrem Ziel zu nähern. In diesem Fall steigert sich die Motivation wie von selbst.

Formulieren Sie mithilfe Ihrer neu gewonnenen Erkenntnisse Ihr Ziel. Konzentrieren Sie sich dabei auf die gewünschte Haltung, nicht auf konkrete Verhaltensweisen. Vermeiden Sie zudem Formulierungen wie „Ich möchte" und schreiben Sie im Präsens. Seien Sie dabei mutig, poetisch und kreativ. Das Ziel soll vor allem Ihre Gefühle, also Ihr Unbewusstes positiv ansprechen. Verwenden Sie daher lieber Ihre Lieblingsassoziationen oder das Wunschbild selbst als konkrete Sprache.

Bettina: „Kraftvoll blühe ich Tag für Tag mehr auf und vertraue auf meinen kunterbunten Mut."

Chris: „Ich bin in Bewegung und lasse alles weise wie Ganesha fließen."

Daniela: „Ich erlaube es mir, nach allen Seiten offen zu fließen."

Machen Sie sich keine Sorgen, wenn Ihr Ziel vielleicht irgendwie verworren oder „wischwaschi" klingt. Glauben Sie mir: Es ist sehr präzise formuliert, denn in ihm steckt die ganze Vorarbeit der ersten Schritte!

Schritt 5: Das Ziel stärken und verankern

Wie wir bereits wissen, kann das menschliche Gehirn durch neuronale Plastizität seine Struktur verändern, und zwar bis ins hohe Alter! Aus neuronaler Sicht steckt Ihr Mottoziel im Moment noch in den Kinderschuhen. Je öfter Sie es aktivieren, also sich an Ihr Ziel erinnern oder zielrealisierend handeln, desto stärker werden die neuen Nervenverbindungen. Irgendwann ist das neuronale Netz so gestärkt, dass sich Ihre gewünschte, neue Haltung automatisiert.

Sie können das neue neuronale Zielnetz stärken, indem Sie Erinnerungshilfen einsetzen. Diese aktivieren zuverlässig (bewusst und auch unbewusst) das neue neuronale Zielnetz. Hierfür suchen Sie sich Gegenstände aus dem Alltag, die zu Ihrem Mottoziel passen, und platzieren diese an gut sichtbaren Stellen. Der psychologische Fachbegriff hierfür ist Priming. Diese Form der unbewussten Beeinflussung kann man auch als Manipulation bezeichnen, wie sie oft in der Werbung genutzt wird. In unserem Fall trainieren wir unseren persönlichen Autopiloten: Situationen erkennen und dann das gewünschte Verhaltensprogramm ablaufen lassen. Je mehr Primes Sie nutzen, desto schneller und einfacher werden Sie in der Lage sein, Ihr Haltungsziel zu aktivieren. Hier sind einige Tipps für effizientes Priming:

- Nutzen Sie sowohl Dinge, die einen festen Platz haben (stationär), als auch solche, die Sie bei sich tragen können (mobil).
- Nutzen Sie lieber neue Gegenstände, als etwas, an dem schon eine Bedeutung haftet.
- Achten Sie darauf, dass der Gegenstand positive Gefühle in Ihnen hervorruft, und entfernen Sie ggf. Gegenstände, die negative Gefühle hervorrufen.
- Nutzen Sie umso mehr Erinnerungshilfen, je stärker die neue Haltung von alten Verhaltensmustern abweicht.
- Platzieren Sie die Gegenstände am besten dort, wo Sie sich regelmäßig aufhalten (Küche, Bad, Arbeitsplatz).

Keine Sorge: Man kann nie zu viele Primes haben – und man muss sie auch nicht austauschen. Sie wirken unbewusst und dauerhaft. Obwohl Sie die Gegenstände unterhalb der Bewusstseinsschwelle wahrnehmen, wirken sie aktivierend auf Ihr neuronales Zielnetz.

Balu der Bär und das Flussdelta sind Danielas Wunschelemente. Daraus formulierte sie mithilfe ihrer Lieblingsideen aus dem Ideenkorb ihr persönliches Mottoziel: „Ich erlaube es mir, nach allen Seiten offen zu fließen." In einem weiteren Ideenkorbverfahren wurden ihr folgende Erinnerungshilfen und Primes vorgeschlagen:

- blauer Schal als Flussmetapher
- das Dschungelbuchlied als Klingelton
- Balu als Teddybär
- Seifenblasen (um das Loslassen zu üben)
- Bambus (wächst langsam und stark)
- Fotos und Postkarten von Bären oder Deltas

Schritt 6: Motivierend planen

Da die Nervenverbindungen des neuen Haltungsziels noch relativ frisch sind, kann es passieren, dass uns alte Handlungs- und Denkmuster in die Quere kommen und unsere Fortschritte behindern. Hier gilt es, mögliche Stolpersteine zu identifizieren und aufzulösen.

Bei dieser Aufgabe ist Ihr Verstand gefragt, und Ihr innerer Kritiker darf gerne eine Prise Pessimismus einstreuen. Indem wir realistisch an die Zielumsetzung herangehen und auch darüber nachdenken, was schiefgehen könnte, wappnen wir uns zum einen vor Rückschlägen, zum anderen mobilisieren wir Kräfte, Gedanken und Ideen, die uns dabei helfen, genau diese zu verhindern.

Denken Sie an eine bestimmte Situation, die Ihnen Schwierigkeiten bereitet. Wählen Sie dabei nicht gleich die größte Hürde, sondern eine Herausforderung mit einem mittleren Schwierigkeitsgrad. Fragen Sie sich anschließend:

- Wie sieht diese Situation konkret aus?
- Wie habe ich mich bisher in dieser Situation verhalten?
- Wie möchte ich stattdessen ab sofort handeln?
- Was könnte mich daran hindern?
- Was ist der Grund für diese Schwierigkeit?
- Was fehlt mir, um die neue Verhaltensweise umsetzen zu können?

Überlegen Sie sich auch den Nutzen, den Sie haben werden, wenn Sie sich wie gewünscht verhalten. Nutzen Sie bei der Lösungssuche Ihre inneren Bilder oder einen der Primes.

Sogenannte Wenn-dann-Pläne können als Methode genutzt werden, um neue, gewünschte Routinen zu erlernen oder unerwünschte Automatismen abzulegen. Sie geben unserem Unbewussten eine klare Verbindung zwischen einem auslösenden Stimulus und einem dazugehörigen Verhalten. Sie unterstützen uns dabei, kritische Situationen schneller zu erkennen und uns entsprechend an das gewünschte Verhalten zu erinnern. Die sprachliche Form „Wenn-Dann“ kann dabei vom Unbewussten besonders leicht verarbeitet werden.

Das „Wenn“ muss möglichst genau spezifiziert werden, damit dem Unbewussten eindeutig klar ist, wann es mit dem „Dann“ starten muss. Dem „Dann“ muss zudem ein präzises Verhalten zugewiesen werden, damit unser Unbewusstes weiß, was zu tun ist. Je genauer wir das Wenn formulieren, desto geringer ist die Gefahr, dass wir inmitten von Reizen und Ablenkungen unser Ziel aus den Augen verlieren.

Bettina: „Wenn ich bemerke, dass ich mich kleinmache und beschimpfe, dann richte ich mich auf, atme dreimal tief in den Bauch und lasse im Kopf meinen Lotus erblühen.“

Chris: „Wenn ich ausgehe, dann bereite ich mich vor, indem ich meine Hände unter kaltes, fließendes Wasser halte und fest an mein Mottoziel denke."

Daniela: „Wenn ich mir vorstelle, was für komische Leute ich in einem VHS-Kurs treffen könnte, dann nehme ich meine Seifenblasen und puste jeden Gedanken, der mich ausbremst, gen Himmel."

GEDULD, GEDULD!

Veränderungen brauchen Zeit – in der Regel mindestens sechs Monate. Seien Sie deshalb geduldig mit sich und achten Sie darauf, dass Sie nicht zu viel von sich erwarten. Nutzen Sie Ihre Primes und pflegen Sie einen liebevollen Umgang mit sich selbst. Übung macht den Meister, und oftmals sind viele kleine Schritte wesentlich wirksamer als groß angelegte Veränderungen. Vergessen Sie dabei nicht, Ihre Erfolge zu feiern – selbst (oder gerade) die allerkleinsten! Indem wir erkennen und wertschätzen, was gut ist und funktioniert hat, stärken wir uns und unser Ziel.

Fazit und Bilanz

Etwa vier Wochen nach dem Workshop analysieren die Teilnehmer ihre Erfahrungen: Was hat gut funktioniert? Woran darf noch gearbeitet werden? Loben Sie sich für Ihre Erfolge und überlegen Sie sich, wie Sie Ihr Mottoziel weiter verstärken können.

Bettina: „Mich bewusst aufzurichten, wenn ich mich kleinmache, tut mir gut. Ich habe gemerkt, dass es mir mehr um das Aufblühen geht als um den Mut. Außerdem darf ich mich noch viel mehr um mich kümmern. Ich verstecke mich bzw. meine Bedürfnisse allzu gerne hinter Aufgaben und Pflichten. Seitdem mir das bewusst geworden ist, weiß ich, wo ich ansetzen kann, um etwas zu verändern."

Chris: „Ich merke, dass mehr Selbstsicherheit nicht nur bedeutet, dass ich mich in sozialen Beziehungen selbstbewusster verhalte, sondern auch, dass ich mich selbst mehr mag und erkenne, was mir guttut. In Gesprächen mit männlichen Bekannten mache ich mir mittlerweile weniger Sorgen. Bei den Frauen funktioniert das leider noch nicht so gut – da muss ich weiter üben."

Daniela: „Mir ist aufgefallen, dass ich gar nicht so verschlossen bin, wie ich immer gedacht habe. Je mehr ich ausprobiere, desto leichter fällt es mir, offen zu sein. Das ist ein riesiger Motivator und hat mir tatsächlich einige Türen geöffnet. Ich bin jetzt in einer 60+-Pilatesgruppe und übe mich in Small Talk. Dabei bemerke ich immer wieder: Die eine oder andere ist vielleicht anderer Meinung als ich, aber trotzdem sympathisch und nett."

TEIL 3: EASE – KONTROLLE ÜBER DAS EIGENE LEBEN ZURÜCKGEWINNEN

Wir wissen nun, wie Einsamkeit definiert wird, und haben herausgefunden, wer Sie sind, wie Ihre persönlichen Bedürfnisse aussehen und was Sie sich von einer Freundschaft wünschen.
In diesem Teil des Buches erfahren Sie, wie Sie Ihre Einsamkeit mithilfe des EASE-Verfahrens lindern und neue Kontakte knüpfen können. Dieses Ziel erreichen Sie, indem Sie Ihren Aktionsradius erweitern, Ihre Aktivitäten planen, Qualität vor Quantität setzen und generell das Beste erwarten. Starten wir mit dem ersten Schritt!

Extend yourself: Erweitern Sie Ihren Aktionsradius

In der Kindheit und Jugend entwickeln sich Freundschaften oftmals ganz ohne unser Zutun. Man trifft andere in der Schule oder im Hörsaal, und alles nimmt automatisch seinen Lauf. Was früher fast von selbst geschah, wird im späteren Leben oft zur Herausforderung. Eines ist klar: Um unseren Radius zu erweitern, müssen wir unsere Komfortzone verlassen, denn vom Sofa aus lernen wir keine neuen Leute kennen.

Für jemanden, der sich über Jahre in seinem Schneckenhaus eingerichtet hat, ist der erste Schritt aus der Isolation schwierig und anstrengend. Man hat gewisse Routinen entwickelt und ist etwas aus der Übung, was das Knüpfen neuer Kontakte betrifft.

Cacioppos Ratschlag lautet an dieser Stelle, sich zunächst schrittweise an einen sozialen Austausch heranzutasten und sich eine Art „sicheres Experimentierfeld" zu schaffen. Springen Sie also nicht gleich von einer hohen Klippe in die tosenden Fluten, sondern tauchen Sie erst einmal Ihren kleinen Zeh ins kalte Wasser. Ermöglichen Sie sich Erfolgserlebnisse, indem Sie Schritt für Schritt vorgehen. Sie werden feststellen, dass Sie bereits beim Small Talk über das Wetter positive Begegnungen erleben können, die das Selbstvertrauen stärken.

Veränderungen gelingen uns am leichtesten, wenn wir uns in einem Umfeld bewegen, das uns liegt und uns Sicherheit gibt. Studien zeigen, dass gemeinsame Erlebnisse verbinden und Zugehörigkeit schaffen. Wenn man beispielsweise erfährt, dass jemand kürzlich eine ähnliche Reise unternommen hat wie man selbst, neigt man dazu, sich enger mit dieser Person verbunden zu fühlen. Indem wir uns über die jeweils gemachten Erlebnisse austauschen, verstärken wir unsere sozialen Bande.

Um Menschen zu finden, die ähnliche Interessen haben wie wir selbst, sollten wir an Aktivitäten teilnehmen, die wir mögen. Sind Sie sportlich und gerne aktiv? Dann suchen Sie sich eine Sport- oder Laufgruppe, der Sie sich anschließen können. Lesen Sie gerne? Dann besuchen Sie Lesungen oder Buchklubs. Oder suchen Sie nach Kontakten in Ihrer direkten Umgebung: Laden Sie beispielsweise einen Nachbarn auf einen Kaffee ein oder eine Arbeitskollegin auf einen Drink nach Feierabend.

WIESO „VEREINSMEIEREI" GESUND IST

Vorstellungen von festen Terminen und ausufernden Verpflichtungen halten viele davon ab, einem Sportverein oder Chor beizutreten. Dabei zeigen aktuelle Studien, dass Menschen, die sich einer Gruppe zugehörig fühlen, besser und gesünder leben. Insbesondere Menschen, die einem erhöhten Risiko für Depressionen unterliegen oder bereits daran erkrankt sind, profitieren stark von einem aktiven Vereinsleben.

Was ist so anders an einer organisierten Gruppe mit Vereinsstrukturen im Vergleich zum Freundes- oder Bekanntenkreis? Immerhin kann man sich auch mit Familienangehörigen, Nachbarn oder Arbeitskollegen zu einer Radtour verabreden, ganz ohne Klubbeitrag und Kuchenbacken zum Vereinsfest.

Laut Psychologen liegt der größte Unterschied in dem Gefühl der Gemeinschaft und Zugehörigkeit. Der moralische und praktische Rückhalt einer Gruppe hilft dabei, Stress abzubauen und Einsamkeitsgefühle im Zaum zu halten. Studien zeigen, dass gemeinsame Gruppenerlebnisse und die Unterstützung Gleichgesinnter uns so manche Umbrüche im Leben besser meistern lassen. Das Geheimnis ist die Identifikation mit der Gruppe.

Wenn es Ihnen schwerfällt, den ersten Schritt zu tun und auf Fremde zuzugehen, dann denken Sie an Ihre inneren Bilder, Ihr Mottoziel oder einen Ihrer Wenn-dann-Pläne aus dem Kapitel „Das Zürcher Ressourcen Modell" ab Seite 106. Denken Sie daran: Es mag vielleicht zunächst schwer erscheinen, aber wenn Sie nichts ändern, verändert sich nichts. Gewinnen Sie die Kontrolle über Ihr Leben zurück – es lohnt sich!

Die Kraft des Gebens

Laut einer Untersuchung aus Kanada kann soziales Engagement sozial ängstlichen Menschen dabei helfen, offener für Kontakte zu werden. Studienteilnehmer wurden gebeten, ihr Umfeld über einen Zeitraum von vier Wochen regelmäßig bei Aktivitäten wie Rasenmähen oder Geschirrspülen zu unterstützen. Die Probanden waren anschließend weniger ängstlich und ließen mehr soziale Interaktionen zu.

Sich sozial zu engagieren, lohnt sich mehrfach: Zum einen stehen die Chancen gut, dass man bei seinem Engagement auf Gleichgesinnte trifft, zum anderen ist die Wahrscheinlichkeit von positiven Reaktionen groß und die Gefahr von Zurückweisungen entsprechend gering. Das ermöglicht es Ihnen, Ihre sozialen Fähigkeiten in einem sicheren Rahmen zu üben.

Durch Ihr Engagement leisten Sie zudem einen wertvollen Beitrag für die Gesellschaft. Anderen etwas Gutes zu tun, stärkt das Selbstwertgefühl und nährt unser persönliches Glücksempfinden. Das Fazit der Psychologin Tatjana Schnell von der Universität Innsbruck ist, dass Menschen, die in ihren Augen einen sinnvollen Beitrag leisten, insgesamt hoffungsvoller und optimistischer sind. Sie nehmen sich als kompetenter, selbstbestimmter und auch als sozial besser eingebunden war. Zudem neigen sie weniger zu Depressionen und emotionaler Überempfindlichkeit. Man tut also nicht nur anderen etwas Gutes, sondern auch sich selbst. Und zwar nicht nur seelisch und emotional, sondern auch physisch, denn wer sein Dasein als bedeutungsvoll empfindet, lebt länger.

Dabei müssen Sie weder das Bundesverdienstkreuz noch einen Friedensnobelpreis verliehen bekommen. Es reichen kurze, positive Momente subjektiver Verbundenheit mit anderen Menschen, wie sich beim Busfahrer für die Fahrt zu bedanken oder jemandem die Tür aufzuhalten. Das reduziert Stress und macht uns glücklich. Außerdem ergeben sich solche Gelegenheiten zuhauf in unserem Alltag – sie eignen sich also perfekt für die ersten, zaghaften Schritte heraus aus dem Kokon.

Sie können auch Ihre individuellen Stärken, Talente und Fähigkeiten nutzen, um sich zu engagieren. Kennen Sie sich mit Computern aus oder spielen Sie Gitarre? Können Sie gut kochen oder haben Sie einen grünen Daumen? Bieten Sie in Gemeindezentren oder Kirchen Kurse für Familien mit kleinem Budget an. Sie können auch Socken stricken und an Notunterkünfte spenden, dem örtlichen Tierheim mit ein paar Leckerlis in der Tasche einen Besuch abstatten oder den Kindern in Ihrer Nachbarschaft bei den Hausaufgaben helfen. Ihren Ideen und Vorlieben sind hier absolut keine Grenzen gesetzt.

Eine Partnerschaft schützt nicht vor Einsamkeit

Es gibt sie, die Beziehungen, in denen der Partner gleichzeitig der beste Freund ist. Allerdings schützt eine Partnerschaft nicht automatisch vor Einsamkeit – das gilt selbst bei sehr harmonischen Beziehungen. Freundschaften und ein intakter Bekanntenkreis sind daher auch für Paare ein Gewinn.

Eine Partnerschaft oder Ehe kann sogar kontraproduktiv sein. Zum einen haben liierte Menschen oft weniger Zeit und Gelegenheit, freundschaftliche Kontakte zu knüpfen, zum anderen verlassen sich manche zu sehr auf den Partner und glauben, durch diese Art der Zweisamkeit ausreichend versorgt zu sein. Wenn wir unser Glück jedoch von unserem Partner abhängig machen, dann bürden wir ihm eine Verantwortung auf, die er weder tragen muss noch kann. Damit schränken wir ihn und uns ein, verbiegen uns aus Angst, ihn zu verlieren, oder betrachten uns als Opfer, wenn unsere viel zu hohen Erwartungen nicht erfüllt werden.

Zu erkennen, dass man selbst für sein seelisches Wohlbefinden verantwortlich ist, erfordert eine gewisse Ehrlichkeit. Man muss sich ernsthaft mit sich selbst beschäftigen und herausfinden, wer man ist und was man möchte (mehr dazu im Kapitel „Das Leben unter die Lupe nehmen" ab Seite 39). Das mag zunächst aufwendig und sogar schmerzhaft sein, aber es lohnt sich: Sobald man mit sich im Reinen ist und die eigenen Bedürfnisse und Prioritäten kennt, zieht man automatisch die Menschen an, die zu einem passen. Das gilt für den Partner ebenso wie für Freunde.

Letztere sind für eine ausgeglichene, harmonische Partnerschaft sogar extrem wichtig, weil wir zu ihnen eine andere Verbindung haben als zu unserem Partner. Frei von überhöhten Erwartungen, können sie uns viel leichter einen Spiegel vorhalten und wir können uns mit ihnen über die Dinge austauschen, die unser Partner ggf. nicht versteht. Mit Freunden können wir Interessen nachgehen, die unser Partner nicht mit uns teilt, und sie geben uns Rückhalt und ein Gefühl von Zugehörigkeit außerhalb der Partnerschaft. Das ist umso wertvoller, wenn man sich in einer unglücklichen Beziehung befindet oder es sogar zur Trennung kommt.

Die Angst vor Einsamkeit sollte nicht der Grund dafür sein, in einer unglücklichen Beziehung zu verharren. Zwar geht eine Trennung unweigerlich mit Emotionen wie Trauer und Wut einher, die dazu führen können, dass wir uns zurückziehen und uns isolieren – allerdings kann dieser Rückzug phasenweise sehr heilsam sein. Damit die Einsamkeit nach einer Trennung dennoch nicht die Überhand gewinnt, ist es umso wichtiger, soziale Kontakte zu pflegen.

Bei Scheidungen und Trennungen ist es nicht ungewöhnlich, dass man einen Teil seines bisherigen sozialen Umfeldes verliert. Freunde und Mitglieder der Schwiegerfamilie, die bisher ein wichtiger Teil des (gemeinsamen) Lebens waren, können vollständig aus Ihrem neuen

Leben verschwinden. Auch wenn der Partner das geliebte Haustier behält oder das Sorgerecht für die Kinder gewinnt, kann das zu Gefühlen der Einsamkeit führen. Die folgenden acht Tipps können Ihnen dabei helfen, im Falle einer Trennung mit aufkommenden Einsamkeitsgefühlen umzugehen.

1. Akzeptieren Sie Ihre Gefühle. Jedes Gefühl hat seine Berechtigung – auch negative (siehe Kapitel „Negative Gefühle sind okay" ab Seite 45). Lassen Sie sie zu, dann vergehen sie wesentlich schneller. Es kann heilsam sein, zu trauern oder mal so richtig wütend zu sein. Außerdem halten Gefühle in der Regel nicht länger als sieben Minuten an. Sich dessen bewusst zu sein, schafft Abstand, und dieser Abstand ist besser, als sich von anderen Menschen zu distanzieren.
2. Vermeiden Sie es, sich in die nächste Beziehung zu flüchten. Zugegeben: Komplimente und kleine Liebeleien sind Streicheleinheiten für die geschundene Seele. Dennoch sollte Einsamkeit oder die Angst vor ihr Sie nicht dazu bringen, zu schnell eine neue Beziehung einzugehen. Das kann ggf. zu noch mehr Schmerz führen. Zudem bringen Sie sich um die wichtige Heilungszeit, die Ihnen dabei hilft, gestärkt und mit neuer Orientierung nach einem neuen Partner zu suchen.
3. Treten Sie einer Selbsthilfegruppe bei. Sie sind nicht allein! Therapiegruppen bieten die Möglichkeit, Verständnis und Unterstützung von anderen zu erhalten, die in einer ähnlichen Situation stecken.
4. Schaffen Sie neue Routinen. Der Verlust einer Beziehung stellt Ihr ganzes Leben auf den Kopf; typische Alltagsroutinen fallen weg. Je länger die Beziehung, desto größer die Orientierungslosigkeit nach der Trennung. Neue Rituale helfen, Ordnung zu schaffen und den Überblick zu behalten. Schaffen Sie daher neue Routinen – für Ihr Hobby, Ihr Abendessen, Ihre Sonntage.
5. Bewegen Sie sich. Wenn Sie früher regelmäßig Sport getrieben haben, dann beginnen Sie wieder damit – gerne mit kleinen Ein-

heiten wie Spaziergängen oder einem Besuch im Fitnessstudio. Durch Bewegung werden Endorphine ausgeschüttet, die unser Wohlbefinden steigern.
6. Gehen Sie in die Natur. Stresshormone sowie unser Blutdruck und der Puls sinken nachweislich, wenn wir im Grünen sind. Bereits fünf Minuten pro Tag reichen aus, um das Risiko für psychische Leiden zu reduzieren und das Selbstwertgefühl signifikant zu verbessern.
7. Engagieren Sie sich. Egal ob Ehrenamt oder Verein: Wenn Sie anderen helfen und einer sinnvollen Tätigkeit nachgehen, werden Endorphine ausgeschüttet – Sie werden automatisch glücklicher. Außerdem schaffen Sie eine neue Routine (siehe Punkt 4) und lernen neue Leute kennen, während Sie gleichzeitig etwas Gutes tun.
8. Üben Sie sich in Selbstfürsorge. Erstellen Sie eine Liste mit Aktivitäten und Dingen, die Sie mögen und die Ihnen guttun. Egal ob Spaziergang, Schaumbad, Lieblingsmusik oder Restaurantbesuch: Tun Sie jeden Tag etwas, das Ihnen Freude bereitet. Wenn Sie solche guten Gewohnheiten entwickeln, dann können Sie langfristig gut mich sich allein sein, ohne sich einsam zu fühlen.

Wie lange das Gefühl der Einsamkeit nach einer Scheidung oder Trennung anhält, ist unterschiedlich. Damit Heilung geschehen kann, hilft es, die Wunde liebevoll zu versorgen und auf das Beste zu hoffen. In den meisten Fällen ist das Gefühl der sozialen Isolation und des Rückzugs vorübergehend. Wenn die Einsamkeit jedoch langfristig anhält und unüberwindbar scheint, sollten Sie zeitnah mit einem Arzt oder Therapeuten sprechen.

Alte Freundschaften wiederbeleben

Die Erfahrung zeigt, dass wir viele Freundschaften ab dem 30. Lebensjahr verlieren. Lebensläufe ändern sich, Familien werden gegründet, Verpflichtungen nehmen zu. Das Auslaufen einer Freundschaft bedeutet jedoch nicht, dass wir diese Menschen für immer aus unserem Leben verbannen müssen. Es bedeutet nur, dass wir in verschiedene Richtungen gegangen sind. In die Überlegungen, wie man seinen Radius erweitern könnte, sollte man ehemalige Freunde deshalb unbedingt miteinbeziehen.

WOLLEN WIR FREUNDE SEIN?

Einem Bericht des US-amerikanischen Magazins *Journal of Social and Personal Relationships* zufolge braucht es 50 Stunden gemeinsam verbrachter Zeit, bis aus einem Bekannten ein Freund geworden ist. Es kann mehr als 200 Stunden dauern, bis man von besten Freunden spricht. Verläuft eine solche Freundschaft im Sand oder zerbricht an einem Streit, dann geht das an niemandem spurlos vorbei. Die Nähe zu Menschen zu suchen, mit denen wir einst eng verbunden waren, passt nicht in diesen 50–200-Stunden-Rahmen, sondern folgt eigenen Gesetzen.

Wieder mit jemandem in Kontakt zu treten, den man mal gut gekannt hat, kann sehr verwirrend sein. Der andere weiß zwar eine ganze Menge über unsere Vergangenheit, hat aber keine Ahnung von unseren heutigen Hoffnungen, Träumen und Ängsten. Die Auffrischung einer gestrandeten Freundschaft erfordert zudem mehr als nur das Drücken der Wiedergabetaste. Fragen Sie sich daher zunächst, warum genau Sie das möchten und ob es sich tatsächlich lohnt, diese Freundschaft aufzufrischen.

Denken Sie darüber nach, wie Sie Freunde geworden sind. Welche Gemeinsamkeiten hatten Sie? Welche Erfahrungen haben Sie miteinander geteilt? Stellen Sie sich vor, Sie träfen Ihren ehemaligen Freund heute zum ersten Mal: Würden Sie einander mögen? Hätten Sie interessante Gesprächsthemen? Würde die Chemie stimmen? Lassen Sie sich hierbei von Ihrer Intuition leiten und spüren Sie nach, was für die ehemalige Freundschaft spricht.

Fragen Sie sich zudem, warum und wie die Freundschaft geendet ist. War es ein langsamer Prozess des Auseinanderlebens? Ist etwas Verletzendes passiert? Was auch immer Sie beide auseinandergerückt hat, ist möglicherweise nicht verschwunden. Manchmal romantisieren wir unsere Freundschaften und vergessen, weshalb es keinen Kontakt mehr gibt. Bevor sich der schmerzhafte Trennungsprozess wiederholt, sollte man sich deshalb einer ehrlichen Bestandsaufnahme stellen. Die Gründe für das damalige Aus zu kennen, hilft zudem dabei, es diesmal besser zu machen.

Wenn es keinen guten Grund gab, weshalb Sie sich aus den Augen verloren haben, waren Sie dann vielleicht nur Bekannte? Und lohnt es sich dann tatsächlich, den Kontakt wieder aufzunehmen? Vielleicht haben Sie sich wegen Zeitmangels aus den Augen verloren. Können Sie heute sicherstellen, ein zuverlässiger Freund zu sein? Was bräuchte es, um dem anderen die nötige Zeit und den Raum zu geben, den er verdient? Stellen Sie sicher, dass Sie über die notwendigen Ressourcen verfügen, um sich ernst- und dauerhaft um die Freundschaft zu kümmern.

Machen Sie sich auch die Veränderungen bewusst, die seit dem Ende der Freundschaft eingetreten sind. Wenn man mit jemandem die Schulbank gedrückt hat und seitdem viele Jahre vergangen sind, dann kennt man die andere Person nicht mehr wirklich. Menschen verändern sich und so auch Freundschaften. Analysieren Sie deshalb, was sich in Ihrem Leben verändert hat, ob die andere Person in Ihre heutige Lebensrealität passt und ob Ihre Erwartungen realistisch sind.

Und so geht's

Durchsuchen Sie Ihre Kontakte und erstellen Sie eine Liste der Personen, die Sie eine Weile nicht gesprochen haben. Dann suchen Sie sich maximal fünf Personen aus, die Ihnen in der Vergangenheit nahestanden und die Sie gerne wiedersehen möchten.

Jemanden nach langer Zeit wieder anzusprechen, braucht Mut. Beim ersten Schritt hilft es deshalb, einen Anknüpfungspunkt zu haben – etwas, worüber man sich locker austauschen kann. Machen Sie nicht den Grund des Kontaktabbruchs zum Aufhänger. Das kann irgendwann mal besprochen werden, aber nicht solange das Pflänzchen noch klein und verletzlich ist.

Wenn Sie derzeit eine ähnliche Lebensphase durchlaufen, könnten Sie den anderen um Rat oder um eine Empfehlung bitten. Menschen helfen gerne. Diese gezielten Gespräche ermöglichen einen ersten Verbindungsaufbau, ohne aufdringlich oder neugierig zu wirken. Die sozialen Netzwerke können Ihnen einen ersten Überblick darüber verschaffen, wie es Ihrem ehemaligen Freund geht und was er heute macht. So stoßen Sie vielleicht direkt auf einen passenden Anknüpfungspunkt.

So wie die wenigsten Menschen in den ersten zehn Minuten eines Vorstellungsgesprächs nach den Urlaubsleistungen fragen oder gleich bei der ersten Verabredung einen Heiratsantrag machen, sollte man auch beim Wiederbeleben einer eingerosteten Freundschaft langsam vorgehen. Statt davon auszugehen, dass sich sofort die alte Vertrautheit einstellt, sollte man den anderen nicht überfordern. Es braucht Zeit, um Vertrauen zu einer anderen Person aufzubauen, egal ob es sich um einen alten oder einen neuen Freund handelt.

Eine kurze E-Mail zu schreiben, ist daher besser für den ersten Kontakt als ein Anruf. Geben Sie dem anderen die Möglichkeit, darüber nachzudenken, was er möchte. Sie selbst haben bereits viel darüber nachgedacht, aber die andere Person könnte die unerwartete Kontaktaufnahme ganz unvorbereitet treffen und ggf. sogar unter Druck setzen.

Nehmen Sie sich Zeit, um sich gegenseitig wieder in Ihr Leben zu lassen und auf den neusten Stand zu bringen. Viele kleine Interaktionen und Gespräche helfen dabei, sich gegenseitig zu beschnuppern und neues Vertrauen zu fassen. Starten Sie zum Beispiel mit einer Einladung zu einer kleinen Party, um sich dann beim nächsten Mal nur zu zweit zu treffen.

Wichtig ist, das erste Treffen nicht mit einem „War schön, lass uns das irgendwann mal wiederholen" zu beenden. Wenn Ihnen die Beziehung wirklich wichtig ist, dann vereinbaren Sie direkt das nächste Treffen. Versuchen Sie einen kontinuierlichen Austausch zu etablieren. Freundschaften leben von Begegnungen und regelmäßiger Interaktion. Ohne eine gewisse Routine bleibt die Beziehung ansonsten im schlimmsten Fall wieder auf der Strecke.

ES GEHÖREN IMMER ZWEI DAZU!

Jemanden nach langer Zeit zu kontaktieren, ist wie Kaltakquise: Man weiß nicht, ob der vermeintliche Kunde das Produkt haben möchte und befürchtet das Schlimmste: eine Abfuhr. Es gibt Fälle, da ist die Freundschaft nach der Versöhnung inniger als je zuvor. In vielen Fällen ist die neu entfachte Bindung jedoch weniger eng als vor dem Auseinanderbrechen. Und manchmal ist der Wunsch nach Wiederbelebung leider einseitig.

Seien Sie daher besonders aufmerksam und achten Sie auf die Signale Ihres Gegenübers, denn Ihre Euphorie kann Sie leicht wichtige Hinweise übersehen lassen. Manche sagen vielleicht nur aus Höflichkeit einem Treffen zu, oder Ihr Gegenüber kommt nicht über bestimmte Verletzungen hinweg. Möglicherweise ist die andere Person auch so stark eingebunden, dass sie schlichtweg keine Zeit hat.

Wie auch immer die Wiederbelebung verlaufen mag, üben Sie sich in Akzeptanz und Selbstmitgefühl. Manchmal soll es eben nicht sein – allein dieses Wissen hilft dabei, Trauer und Enttäuschung zu minimieren.

Sorry, tut mir leid!

Ist verletztes Vertrauen oder ein Streit der Grund für den Freundschaftsabbruch, müssen wir uns mit dem Thema Vergebung beschäftigen. Vielleicht müssen Sie sich für etwas entschuldigen und hoffen, dass der andere Ihnen verzeiht? Oder vielleicht sind Sie es, dessen Vergebung es braucht, um die Freundschaft wiederzubeleben?

Die Kommunikationsforscher Roy Lewicki, Beth Polin und Robert Lount von der Ohio State University und der Eastern Kentucky University haben sechs Faktoren definiert, die bestimmen, ob eine Entschuldigung als glaubwürdig empfunden und akzeptiert wird:

- Zeigen Sie echtes Bedauern – Pseudoentschuldigungen bringen nichts.
- Erklären Sie, warum etwas geschah – und zwar wahrheitsgetreu, frei von Beschönigungen und Rechtfertigungen.
- Übernehmen Sie Verantwortung, anstatt sich rauszureden oder die Schuld auf jemand anderen zu schieben.
- Versprechen Sie Besserung – speziell in Verbindung mit dem nächsten Punkt.
- Bieten Sie eine Wiedergutmachung an – aber nur, wenn Sie das Versprechen auch wirklich halten.

- Bitten Sie um Vergebung – wählen Sie Ihre Worte mit Bedacht. Ihr Gegenüber soll sich nicht genötigt fühlen, bei der Wiederherstellung des Vertrauens mitwirken zu müssen.

Sich zu entschuldigen, muss nicht unbedingt immer zum Ziel haben, eine alte Beziehung wiederherzustellen. Zu realisieren, dass wir jemandem mit unserem Verhalten Unrecht getan haben, kann uns dabei helfen, mit einem Teil der Vergangenheit abzuschließen, der uns bedrückt und einen Schatten auf unser Leben geworfen hat.

Gleiches gilt für das Verzeihen: Es kann uns dabei helfen, alten Schmerz zu überwinden, denn was wir nicht verziehen haben, wird uns von unserem Gehirn immer wieder vorgelegt. Über Jahre oder gar Jahrzehnte hinweg kann uns das verbittern. Verzeihen bringt uns hingegen Frieden und innere Ruhe.

Das bedeutet selbstverständlich nicht, dass man alles und jedem verzeihen muss. Es ist ein Irrtum, dass derjenige, der verzeiht, dem anderen einen Gefallen tut und die eigene Selbstachtung untergräbt. Bei Vergebung geht es nicht um den Täter – es geht um Sie! Denn wer verletzt wurde, leidet gleich mehrfach: an der Ungerechtigkeit und an den damit einhergehenden negativen Gefühlen wie Wut, Frustration, Traurigkeit oder Scham.

Indem wir verzeihen, werden wir aktiv, übernehmen wieder das Steuerrad in unserem Leben und treten aus der Opferrolle heraus. Verzeihen hilft, geschehenes Unrecht zu verarbeiten und loszulassen, sodass wir wieder ins Gleichgewicht kommen – vielleicht nicht in der Beziehung, aber mit Sicherheit in unserer Seele.

Dabei ist es noch nicht einmal notwendig, dem anderen mitzuteilen, dass wir ihm verziehen haben. Tun Sie es für sich! Und verzeihen Sie nicht nur dem anderen, sondern auch sich selbst – dafür, dass Sie diese Person in Ihr Leben gelassen haben. Seien Sie nachsichtig mit sich, dem anderen und der Situation. Jeder macht Fehler; aber das muss nicht bedeuten, dass die Vergangenheit Ihre Zukunft bestimmt.

Freundschaft trotz großer Distanz

Es heißt zwar „Aus den Augen, aus dem Sinn", aber Freundschaften auf Distanz sind möglich und sollten deshalb ebenfalls in Erwägung gezogen werden. Trotz der räumlichen Entfernung kann Ihnen jemand nahestehen, jedoch braucht es Wege und Rituale, um die Vertrautheit zu pflegen. Von allein wird es nicht gelingen, denn zum einen treffen Sie sich weniger, weswegen Sie weniger gemeinsame Erinnerungen schaffen, zum anderen fehlen die Einblicke in das alltägliche Leben. Diese sind ein wichtiger Aspekt in einer Freundschaft, um ein besseres Verständnis für den anderen zu schaffen.

Es ist daher wichtig, am Ball zu bleiben und etwas zu kreieren, das mehr ist als ein gelegentlicher Datenabgleich oder das Leben in vergangenen gemeinsamen Zeiten. Wie Sie hierbei vorgehen, hängt davon ab, wer Sie sind und wie Sie Freundschaft grundsätzlich definieren. Aus Studien geht hervor, dass Männer eher Aktivitäten zur Bindung nutzen, während für Frauen eher Gespräche zur Beziehungspflege dienen.

Versuchen Sie, neue Wege zu finden, um das, was die Freundschaft bisher ausgemacht hat, trotz der Distanz aufrechtzuerhalten. Treffen Sie sich mit Freundesgruppen regelmäßig via Zoom oder spielen Sie Postkarten-Schach. Ein Bekannter von mir pflegt mit seinem ehemaligen Laufkumpel eine gemeinsame Webseite, auf der sie sich von ihren jeweiligen Marathons berichten. Je mehr Möglichkeiten Sie finden, um in Kontakt zu bleiben, desto leichter erhalten Sie Einblicke in das Leben des anderen und bleiben ein Teil davon.

Eine gewisse Routine erleichtert zudem die Freundschaftspflege. Mein Mann hatte jeden Sonntagabend einen festen Videocall-Termin mit seinem besten Freund, der in Spanien lebt. Dieser konnte zwar manchmal nicht stattfinden, dennoch musste sich keiner der beiden fragen, wann man wohl das nächste Mal etwas voneinander hören würde.

Eine Fernfreundschaft zu pflegen, ist teurer und mühsamer als eine Beziehung vor Ort. Man muss es wirklich wollen und bereit sein, Zeit und Geld zu investieren, denn hin und wieder braucht es auch richtige, physische Treffen. Miteinander Zeit zu verbringen, ist nährend und füllt die Lücken, die in der Zwischenzeit entstanden sind.

Sich Zeit zu nehmen, um sich zu sehen, hat zudem eine symbolische Bedeutung: Sie zeigen, dass es Ihnen wirklich wichtig ist, und demonstrieren, welchen Stellenwert Ihre Freundschaft hat. Ein solcher Anker hält auch bei stürmischer See, wenn man sich – warum auch immer – mal eine Zeit lang nicht austauschen kann.

- Scheuen Sie sich also nicht davor, mit Ihrem Freund über Ihre Definition von Freundschaft zu sprechen und darüber, welche Erwartungen und Hoffnungen Sie an sie knüpfen. Eine Fernfreundschaft mag zeit- und energieaufwendig sein, kann aber zu den stärksten Beziehungen gehören, denn kaum eine andere Freundschaft wird so bewusst gewählt und gelebt. Das beiderseitige Bemühen, sie am Laufen zu halten, obwohl es einfacher wäre, den Kontakt abzubrechen, ist eine wertvolle Erfahrung und ein großer Schatz.
- Neue Freunde finden
- Vielen Menschen fällt es schwer, mit zunehmendem Alter Freunde zu finden, weil sie davon ausgehen, dass Freundschaften „organisch“ zustande kommen – so wie früher in der Kindheit und Jugend. Man lernt Menschen aber nicht durch Zauberhand kennen – man muss aktiv etwas dafür tun.

- Allerdings reicht es nicht aus, irgendwohin zu gehen und zu hoffen, dass sich jemand um einen kümmert. Die US-amerikanische Psychologin Ellen Hendriksen spricht in diesem Zusammenhang von offener und verdeckter Vermeidung. Offene Vermeidung bedeutet, dass man erst gar nicht zu Veranstaltungen geht, bei der verdeckten Vermeidung geht man zwar aus, interagiert aber nicht aktiv mit den Menschen um sich herum.

Die gute Nachricht ist: Die Fähigkeit, auf andere zuzugehen, lässt sich erlernen – zum Beispiel indem man sich im näheren sozialen Umfeld des Öfteren im Small Talk übt (z. B. beim Bäcker über das Wetter reden, beim Friseur über die aktuelle Mode usw.). Viele von uns haben allerdings Angst, dabei auf Ablehnung zu stoßen und einen Korb zu bekommen. Auch hier kann ich Sie beruhigen: Sie werden immer souveräner, je öfter Sie den ersten Schritt wagen, und können selbst von negativen Erfahrungen profitieren! Sind Sie beispielsweise auf wenig Gegenliebe gestoßen, dann werden Sie beim nächsten Mal automatisch stärker darauf achten, wer zu Ihnen passt.

Viele von uns neigen zudem dazu, sich viel kritischer zu sehen, als es andere tun. Sie müssen nicht besonders faszinierend, charismatisch oder lustig sein, um andere für sich zu gewinnen. Sympathie entsteht nicht dadurch, dass man den anderen beeindruckt, sondern dass sich Ihr Gegenüber geschätzt und angenommen fühlt. Mehr zum Thema Sympathie erfahren Sie im Kapitel „Wie entsteht Sympathie?“ ab Seite 100. Sie können also getrost in die Welt hinausgehen und Ihr Glück versuchen – Sie können nur gewinnen!

Wo kann man Gleichgesinnte treffen?

Neben Freiwilligenarbeit, über die wir bereits im Kapitel „Die Kraft des Gebens“ ab Seite 124 gesprochen haben, gibt es noch weitere Möglichkeiten, neue Leute und potenzielle Freunde zu treffen:

- Seien Sie neugierig und probieren Sie neue Hobbys aus. Treffen Sie sich in Strickklubs, restaurieren Sie nach Feierabend antike Möbel oder kochen Sie mit anderen Essiggurken ein. Testen Sie eine interessante Sportart aus, buchen Sie eine Gruppenreise oder lernen Sie eine neue Sprache – wer weiß, vielleicht fahren Sie bereits im darauffolgenden Jahr mit Ihren neuen Bekannten in das entsprechende Land ... Erstellen Sie eine Liste mit potenziellen Hobbys und informieren Sie sich anschließend, wo Sie Menschen mit ähnlichen Interessen kennenlernen können.

DIE MACHT DER MUSIK

Singen macht nicht nur nachweislich glücklich – es sorgt außerdem für starke Verbindungen. Wissenschaftler konnten nachweisen, dass sich bereits nach 20 Minuten Singen der Gehalt des „Liebeshormons" Oxytocin im Blut signifikant erhöht. Dieses Hormon, das zum Beispiel beim Sex, beim Stillen oder beim Gebären ausgeschüttet wird, schafft ein Gefühl von Verbundenheit und Vertrauen.

- Nutzen Sie Online-Plattformen wie Meetup. Je nachdem, wo Sie wohnen, haben Sie Zugang zu verschiedenen Gruppen und Aktivitäten. Oder Sie schalten eine traditionelle Kontaktanzeige – denn die funktionieren nicht nur in Liebesdingen. Je gezielter die Anfrage und auch das Medium, in dem Sie inserieren, desto höher die Chance, eine passende Person zu finden. Auch berufliche Netzwerke wie Xing & Co bieten die Möglichkeit, Kontakte zu knüpfen, während sich zugleich ggf. berufliche Chancen ergeben können.
- Besuchen Sie Fortbildungsveranstaltungen. Dort befinden Sie sich unter Gleichgesinnten und somit auf sicherem Terrain. Sie können sich spielerisch in Small Talk üben und sich zudem fachlich austauschen, was besonders Introvertierten entgegenkommt. Ganz nebenbei arbeiten Sie noch an Ihrer Karriere – das sind zwei Fliegen mit einer Klappe!

- Achten Sie auf die Menschen in Ihrer Umgebung, zum Beispiel Ihre Nachbarn, Freunde von Freunden (sogenannte Brückenfreunde) oder Ihre Arbeitskollegen. Je öfter uns jemand über den Weg läuft, desto eher freunden wir uns mit ihm an. Man spricht hierbei auch vom Mere-Exposure-Effekt, der besagt, dass wir eine Person umso mehr mögen, je häufiger wir sie zu Gesicht bekommen.
- Gehen Sie aus – und zwar allein. Das nimmt Ihnen die Scheu, sich in der Öffentlichkeit zu zeigen. Und wer weiß, welche Möglichkeiten sich daraus ergeben? Haben Sie dabei keine Angst vor dem Urteil anderer. Sie fallen nicht unverhältnismäßig stark auf, nur weil Sie allein unterwegs sind. Das ist eine Fehleinschätzung, die auf einer Wahrnehmungsverzerrung namens Spotlight-Effekt beruht. Dabei reicht die Aufmerksamkeit bei den wenigsten so weit, dass sie bewusst registrieren, was in ihrer Umgebung passiert.

Das Wissen, dass Sympathie und Freundschaft Zeit brauchen und wie ein Prozess verstanden werden können, ermöglicht es uns, mit realistischen Erwartungen auf andere zuzugehen. Nur weil man sich nicht gleich mit jemandem verbunden fühlt, bedeutet das nicht, dass man nie Freunde werden kann. Indem man Zeit miteinander verbringt und sich besser kennenlernt, können Vertrautheit und Freundschaft entstehen. Sollte das erste Treffen in einem Verein, Chor oder Klub also nicht ganz so optimal verlaufen, lohnt es sich dennoch, am Ball zu bleiben.

Action plan: Planen Sie Ihre nächsten Schritte

Wie im vorangegangenen Kapitel beschrieben, geht es beim Öffnen des Aktionsradius nicht um einen Sprung ins kalte Wasser. Ganz im Gegenteil! Es geht darum, bewusst Einfluss auf unsere Interaktionen zu nehmen und damit wieder mehr Kontrolle über unser Sozialleben zu gewinnen. Die Erkenntnis, dass wir einen gewissen Einfluss haben, hilft dabei, den ersten Schritt zu wagen. Diesen Einfluss erschaffen Sie mithilfe eines Plans, der Sie stärken und motivieren soll.

Die Basis dieses Plans ist die Bewusstwerdung über Ihr Verhalten, Ihre Gedanken und Ihre Emotionen. Darauf bauen realistische Ziele auf. Singen Sie zum Beispiel gerne, sind aber eher schüchtern, dann werden Sie sich in einem Chor wohlerfühlen als in einer vierköpfigen A-capella-Band. Schaffen Sie sich Situationen, in denen Sie erleben, wie Ihr Mitmachen positive Reaktionen hervorruft. Das stärkt und ermutigt für mehr!

Mit der sogenannten SMART-Formel können Sie konkrete Ziele formulieren. SMART steht für spezifisch, messbar, ambitioniert, realistisch und terminiert. Ein Beispiel für ein der SMART-Formel entsprechend formuliertes Ziel könnte lauten: „Ich will in einem Chor singen. Bis Ende des Jahres werde ich mindestens fünf Chöre zum Schnuppersingen besuchen und dann entscheiden, wo ich singen werde."

Noch besser ist es, ein solches Ziel basierend auf Ihrem Mottoziel zu entwickeln, das Sie auf Seite 114 formuliert haben, denn dann ist die Motivation umso größer: Zum einen arbeiten Unbewusstes und Verstand zusammen, zum anderen können Sie Ihrem Vorsatz durch Erinnerungshilfen und Wenn-dann-Pläne die nötige Power geben. Schauen wir uns an, was sich unsere drei Protagonisten überlegt haben:

Bettina: „Um mehr unter Leute zu kommen, habe ich mich in einem Aquarellkurs angemeldet. Als die Kursleiterin fragte, ob wir Interesse an einer Studienreise in die Toskana haben, wollte ich mich sofort rausreden. Aber dann habe ich mir gesagt ‚Kraftvoll blühe ich Tag für Tag mehr auf und vertraue auf meinen kunterbunten Mut' und mir zum Ziel gesetzt, alles möglich zu machen, um mitzufahren. In zwei Wochen geht es los!"

Chris: „Im Workshop ist mir klar geworden, dass ich nicht nur Freunde suche, sondern mir auch eine Freundin wünsche. Bei der Überlegung, wie und wo ich in einem sicheren Umfeld den Mut habe, eine Frau kennenzulernen, half mir mein Mottosatz ‚Ich bin in Bewegung und lasse es weise wie Ganesha fließen'. Ich habe mir passend dazu zum Ziel gesetzt, mindestens in fünf Yogastudios eine Schnupperstunde zu nehmen und bis Ende des Jahres einen passenden Kurs zu finden."

Daniela: „Mein Ziel ist es, offener gegenüber anderen Menschen zu sein. Dabei unterstützt mich mein Mottoziel ‚Ich erlaube es mir, nach allen Seiten offen zu fließen' sehr. Darauf aufbauend habe ich mir folgendes Unterziel überlegt und mit einem Wenn-dann-Plan verbunden: ‚Wenn ich im Pilateskurs bin, dann rede ich mit mindestens einer Person.' Um mich daran zu erinnern und keinen Rückzieher zu machen, höre ich auf dem Weg zum Pilateskurs *‚Probier's mal mit Gemütlichkeit'. Das funktioniert super!"*

Sobald Sie Ihr persönliches, SMARTes Ziel formuliert haben, geht es an die Umsetzung. Suchen Sie einen Verein oder eine Person in Ihrer Nähe, die Ihnen dabei helfen kann, Ihr Ziel zu erreichen. Vereinbaren Sie Schnupperstunden im Yogastudio, melden Sie sich zum Nähkurs an oder verabreden Sie sich über eine App zum Kaffeetrinken. Freundschaften knüpfen sich nicht von allein – Sie müssen bewusst aktiv werden.

Wichtig ist hierbei, dass Sie sich nicht überfordern. Fokussieren Sie sich zunächst auf ein einziges Ziel und gehen Sie schrittweise vor. Denn wenn Sie zu viel von sich verlangen und im Sportverein direkt die Trainerposition besetzen möchten, obwohl es Ihnen schwerfällt, vor Gruppen zu sprechen, dann verlieren Sie schnell den Mut und verfallen in alte Muster.

So gelingt der erste Schritt

Neu zu sein – ob im Sprachkurs, Hockeyverein oder Naturschutzbund – mag sich zunächst merkwürdig anfühlen, ist aber auch eine Chance. Das erste Kapitel Ihres Buches ist aufgeklappt, aber keine Seite ist bisher beschrieben. Erst einmal werden nur Sie als Person wahrgenommen. Nicht Sie als Ehefrau, Bruder, Dachdecker, Veganerin, Radfahrer – nur Sie! Sie allein bestimmen also, wer Sie in dieser neuen Gruppe sein und wie Sie von den anderen wahrgenommen werden möchten.

Für einen gelungenen Einstieg gibt es einige Dinge zu beachten. Verschaffen Sie sich zunächst einen Überblick: Wo bin ich hier eigentlich gelandet? Was ist die DNA der Gruppe? Welche Rolle könnte ich übernehmen? Passt das alles zu mir und meinen Erwartungen? Es gibt dabei kein Richtig oder Falsch. Dennoch ist es wichtig, sich mit diesen Grundfragen zu beschäftigen, denn nichts ist energieraubender, als Zeit mit Menschen zu verbringen, die nicht zu einem passen. Hören Sie deshalb genau hin und seien Sie sich Ihres eigenen Wertes bewusst. Wenn Sie sich verbiegen müssen, um dazuzugehören, dann sind Sie hier nicht richtig.

Sollten Sie feststellen, dass Sie in der neuen Gruppe gut aufgehoben sind, dann geht es im nächsten Schritt darum, auf die anderen Gruppenmitglieder zuzugehen. Am besten lassen sich Beziehungen durch ein herzhaftes Lachen knüpfen, denn Humor verbindet! Beim Lachen werden im Körper verstärkt Endorphine freigesetzt, die für Entspannung sorgen. Das hilft Ihnen dabei, sich zu öffnen.

Achten Sie zudem auf Ihre Körpersprache. Ein angemessener Händedruck, Augenkontakt, ohne zu fixieren, eine aufrechte Haltung, ein Lächeln: All das macht nicht nur einen guten Eindruck, sondern wirkt sich auch positiv auf Ihre innere Haltung aus. Viele Menschen machen sich unbewusst klein. So werden sie leicht übersehen.

Wir haben im Kapitel „Wie entsteht Sympathie?“ bereits erfahren, dass ehrliches Interesse und gezieltes Nachfragen den Sympathiefaktor erhöhen. Aktives Zuhören heißt, dem Gesprächspartner respektvoll zu begegnen. Statt im Kopf schon Antworten zu formulieren oder voreilige Schlüsse zu ziehen, sollten wir unserem Gegenüber aufmerksam zuhören. Stellen Sie also auf Empfang und bringen Sie dem anderen Anerkennung und Wertschätzung entgegen.

Auch die eigenen Gefühle zu zeigen, bringt Pluspunkte. Menschen, die dazu neigen, ihre Emotionen zu verbergen und ein Pokerface aufzusetzen, sind häufiger einsam als andere. Sie präsentieren sich ihrer Umwelt als unnahbar und wirken auf andere oft abweisend oder sogar langweilig. Es braucht weder eine pompöse Theatralik noch einen Seelenstriptease, um sich anderen zu öffnen und ihnen einen kleinen, aber wichtigen Einblick zu gewähren. Probieren Sie es aus!

Dabei dürfen Sie auch jederzeit um Hilfe bitten, wenn sich die Gelegenheit ergibt und Sie tatsächlich welche benötigen. Menschen helfen gerne, und das Gefühl gebraucht zu werden stärkt die Verbindung. Im Gegenzug können auch Sie selbstverständlich Ihre Unterstützung anbieten – behandeln Sie Ihr Gegenüber so, wie auch Sie gerne behandelt werden möchten. Schenken Sie dem anderen Interesse und Zuwendung – manchmal braucht es dafür nur ein Lächeln.

NUTZEN SIE DIE „POSITIVE EFFEKTGENERIERUNG“

Bei dieser Methode lernt man, Fremden mit einer positiven Einstellung zu begegnen. Zunächst trainieren Sie, bewusst ein Gefühl der Zuneigung in sich wachzurufen. Denken Sie dabei beispielsweise an einen Menschen, den Sie sehr mögen. Mit zunehmender Praxis aktivieren Sie dieses Gefühl ganz routiniert, wenn Sie auf andere Menschen treffen. In Laborstudien hat sich dieses bewusste Erzeugen positiver Gefühle als wirkungsvoller Stresskiller in sozialen Drucksituationen erwiesen.

Und wie immer gilt: Übung macht den Meister. Immer wieder etwas Neues zu wagen und die eigenen Grenzen zu überschreiten, ist der beste Weg, um mehr Sicherheit im Umgang mit anderen zu gewinnen. Fehler zu machen, ist dabei durchaus erlaubt und sogar gut: Aus ihnen lernen Sie, wie Sie es das nächste Mal besser machen können und welche Menschen vielleicht besser zu Ihnen passen.

Üben Sie sich in Empathie

Empathie ist eine wichtige Schlüsselkompetenz, wenn wir gut mit anderen auskommen und vielleicht sogar das Herz eines anderen Menschen erobern möchten. Durch Empathie verbessert sich unsere Beziehungsfähigkeit, denn sie ermöglicht es uns, die Erfahrungen eines anderen Menschen zu verstehen und angemessen darauf zu reagieren. Wir können so Beistand, Trost und Unterstützung spenden und dennoch emotionale Distanz wahren. Wir können uns einfühlen und ggf. auch helfen, aber wir wissen, dass es nicht unsere eigenen Gefühle und Probleme sind.

Um Ihre Empathie zu trainieren, können Sie sich regelmäßig in die Lage eines anderen versetzen. Das kann jemand sein, den Sie kennen, oder eine Person aus den Medien. Wie fühlt es sich an, wenn alle Welt von der Affäre des Mannes erfährt? Wie geht es einem Torwart, der den Ball nicht halten konnte? Wie fühlte es sich wohl an, als erster Mensch einen Fuß auf den Mond zu setzen? Wie würden Sie sich da fühlen?

Oder Sie drehen das Ganze um und versuchen, sich selbst mit den Augen eines anderen zu betrachten. Überlegen Sie sich, wie eine andere Person Ihre Handlungen und Verhaltensweisen beschreiben und beurteilen würde. Was glauben Sie, was denkt Ihr Partner über Ihr Erlebnis? Was Ihre Mutter? Ihr Nachbar? Oder eine ganz fremde Person: ein Schauspieler, eine Politikerin, ein Sänger, eine Wissenschaftlerin?

Kanadische Psychologen der University of Toronto konnten zudem nachweisen, dass Lesen unsere sozialen Fähigkeiten stärkt. In ihrem Experiment baten sie Probanden, an einem Empathietest teilzunehmen, bei dem sie die emotionale Befindlichkeit von auf Fotos dargestellten Personen beurteilen sollten. Es schnitten vor allem diejenigen überdurchschnittlich gut ab, die häufig Bücher mit differenzierten und lebensnah gezeichneten Charakteren lasen. Wenn Sie also bereits von Natur aus eine Leseratte sind, dann kann Ihnen Ihr Hobby auf dem Weg heraus aus der Einsamkeit von Nutzen sein.

Eine zweite Chance für den ersten Eindruck

Hand aufs Herz: Wie oft passiert es, dass wir jemanden kennenlernen und dann blitzschnell ein Strom aus Klischees, Stereotypen und Vorurteilen durch unseren Kopf schießt? Ein Schauer an Vermutungen, Interpretationen und Urteilen, die im schlimmsten Fall ein weiteres Kennenlernen erschweren, wenn nicht sogar unmöglich machen.

Ob uns ein Fremder sympathisch ist oder nicht, beruht meist auf unbewussten, unreflektierten und vor allem sehr schnell ablaufenden Prozessen in unserem Gehirn. Dazu reichen bereits ein Blick oder ein paar Worte aus, und schon haben wir einen ersten Eindruck von unserem Gegenüber. Aus Sicht der Evolutionspsychologie mag das sinnvoll sein, denn die schnelle Einschätzung kann uns vor unliebsamen Überraschungen schützen. Schnell überprüfen wir, ob wir dem anderen trauen können. Ist er Freund oder Feind?

Diese mentale Abkürzung hat jedoch den Nachteil, dass die Beurteilungen nicht objektiv, sondern sehr vereinfachend und stereotypisierend sind. Viele unserer Schlussfolgerungen werden intuitiv getroffen und dann dauerhaft in unserem Gedächtnis abgespeichert. Oftmals lässt sich das im Nachhinein nur schwer revidieren. Selbst dann nicht, wenn wir eindeutige Beweise dafür finden, dass wir mit unserer Meinung vollkommen danebenliegen.

Deshalb sollten wir uns immer wieder bewusst machen, dass der erste Eindruck lediglich ein grober Anhaltspunkt ist. Wer auf der Suche nach neuen Kontakten ist, muss vor allem die Bereitschaft mitbringen, sich auf andere Menschen einzulassen. Man sollte sich eine gewisse Offenheit und Aufgeschlossenheit bewahren.

Hier ist eine kleine Auswahl an typischen Wahrnehmungs- und Denkfehlern, damit Sie wissen, worauf Sie achten können, um keine vorschnellen Urteile zu fällen:

- Fundamentaler Attributionsfehler: Manchmal haben wir die Tendenz, bestimmte Verhaltensweisen in den Fokus zu rücken und gleichzeitig situative Faktoren zu vernachlässigen. Die Kellnerin, die gerade einen schnippischen Kommentar gemacht hat, muss nicht zwangsläufig ein unfreundlicher Mensch sein. Wer weiß, was ihr heute schon Negatives passiert ist …
- *Halo*-Effekt (engl. Heiligenschein): Hierbei schließen wir von wenigen äußeren Merkmalen auf weitere entsprechende Eigenschaften. Finden wir jemanden attraktiv, so schreiben wir ihm schnell Intelligenz und Erfolg zu, dabei hat das eine mit dem anderen nichts zu tun.
- Bestätigungstendenz: Das Phänomen des sogenannten *Confirmation Bias* kann sowohl eine Verstärkung als auch eine Abwertung bewirken. Hierbei suchen wir nach Beweisen für unseren ersten Eindruck. Wurden wir beispielsweise beim Jobbeginn vor einem bestimmten Kollegen gewarnt, dann gehen wir mit einer gewissen Vorannahme auf den anderen zu und suchen entsprechende Bestätigung, um unsere Vermutung zu untermauern. Dabei übersehen wir allerdings Tatsachen, die für das Gegenteil sprechen.
- *Ingroup Bias*: Sobald wir jemanden zu unserem engeren Umfeld zählen, weil er uns zum Beispiel ähnlich sieht oder die gleichen

Hobbys hat, stufen wir ihn tendenziell positiver ein und schreiben ihm liebenswerte Eigenschaften zu.

Bleiben Sie selbstkritisch und hinterfragen Sie Ihre Sichtweise aktiv, sobald Sie ein Urteil über jemanden gefällt haben – auch bei Personen, die Ihnen sympathisch sind. Unser erster Eindruck lässt uns die Persönlichkeit eines Fremden erahnen, aber dieses Bild ist nie wirklich vollständig. In Sachen Menschenkenntnis sollten wir uns also nicht immer auf unsere Intuition verlassen, sondern unseren ersten Eindruck einer genaueren Überprüfung unterziehen.

IMMER SCHÖN LÄCHELN!

Einen negativen ersten Eindruck zu korrigieren, ist zwar schwierig, aber nicht unmöglich. Augenkontakt halten, lächeln, regelmäßig nicken, aktiv zuhören und ausreden lassen – das macht einen guten Eindruck, nicht nur beim ersten Treffen. Greifen Sie zudem möglichst positive Gesprächsthemen auf und präsentieren Sie sich von Ihrer besten Seite. Hat Ihr Gegenüber einen falschen ersten Eindruck von Ihnen erhalten, dann hilft ihm eine Häufung an Gegenbeweisen dabei, seine Meinung mit der Zeit zu überdenken und im Idealfall zu ändern.

Die Bedeutung des Small Talk

Fühlen Sie sich Unbekannten gegenüber auch manchmal unsicher oder wissen nicht so recht, wie Sie mit anderen ins Gespräch kommen und worüber Sie sich mit ihnen unterhalten sollen? Da Small Talk einen negativen Ruf hat, weil er als oberflächlich und banal gilt, trauen sich viele oft nicht, über das Wetter oder die aktuellen Fußballergebnisse zu sprechen. Dabei kann Small Talk helfen, Schüchternheit zu überwinden und sowohl Tiefe als auch Nähe entstehen zu lassen.

Egal ob privat, auf Messen, beim Geschäftsessen oder beim Vorstellungsgespräch: Wenn wir es schaffen, eine angenehme Gesprächssituation zu schaffen, dann eröffnen sich uns viele Möglichkeiten für neue Verbindungen, gute Begegnungen und ehrliche Sympathien. Die Fähigkeit, sich auf Small Talk einzulassen, ist eine unterschätzte soziale Fähigkeit.

Eine Untersuchung des Psychologen Mathias Mehl und seiner Kollegen aus dem Jahr 2018 ergab, dass es für unser persönliches Glücksempfinden besser ist, einen kleinen Schwatz zu halten, als sich überhaupt nicht zu unterhalten. Zwar konnte er auch nachweisen, dass tiefgründige Gespräche unser Wohlbefinden deutlich erhöhen, aber Small Talk ist hierbei ein erster Schritt in die richtige Richtung. Wir sind glücklicher, wenn wir mit anderen sprechen können, mit ihnen in Kontakt und somit in Resonanz sind. Das kann auch ein einfacher Gruß oder ein Lächeln sein.

Manche dieser Gespräche werden nichts weiter sein als Oberflächlichkeiten. Sie müssen deshalb aber weder unangenehm noch unnütz sein. Small Talk ist ein wichtiger Baustein, um tragfähige Beziehungen zu konstruieren. Viele Zwei-Minuten-Zufallsbegegnungen auf der Straße mögen Ihrem Leben im Moment des Zusammentreffens keinen essenziellen Mehrwert geben, und dennoch bergen manche von ihnen das Potenzial für eine tiefere Freundschaft. Einer Begegnung von Anfang an aus dem Weg zu gehen, erstickt viele gute Gelegenheit im Keim.

Wenn man tiefgründige Gespräche als nährend erlebt, könnte man zu dem Schluss kommen, dass Small Talk wie Fast Food ist: Es stillt schnell den ersten Hunger, macht aber auf Dauer nicht satt. Dieses Bild und damit unsere Haltung ändern sich schlagartig, wenn wir Small Talk als eine Art Vorspeise verstehen, als kleine Gaumenfreude vor dem großen Mahl – im wahrsten Sinne des Wortes als Starter.

Fragen Sie sich daher beim nächsten Zufallstreffen, bei dem Sie den anderen rasch abspeisen wollen, ob Sie wirklich in Eile sind und absolut keine Zeit für einen kurzen Austausch von Nettigkeiten haben. Suchen Sie den menschlichen Kontakt, anstatt ihn zu vermeiden. Sprechen Sie Menschen an, die Sie wenig oder gar nicht kennen. Sehen Sie, was passiert, wenn Sie das Wetter oder die Schaufensterdekoration kommentieren. Wie reagiert jemand auf ein Kompliment, zum Beispiel für sein T-Shirt? Es kommt dabei gar nicht unbedingt auf den Inhalt des Gesagten an, sondern auf die Art und Weise, wie es gesagt wird.

Schauen Sie erfahrenen und talentierten „Small-Talkern" zu und lernen Sie von ihnen. Wie starten sie das Gespräch, wie ist ihre Körperhaltung, ihre Mimik, welche Themen wählen sie aus? Beobachten Sie und probieren Sie es selbst aus. Dabei ist es wichtig, dass Sie im Moment des Gesprächs präsent sind, denn selbst die banalsten Inhalte können zuweilen nützlich oder aufschlussreich sein. Denken Sie daran, dass Sie auch während eines kurzen Plauschs erfahren, was im Leben Ihres Gegenübers wichtig ist.

Stellen Sie sich vor, Sie erfahren zufällig, dass Ihr Nachbar demnächst in den Urlaub fährt. Das ist etwas, das Sie im Hinterkopf behalten sollten. Indem Sie ihn beim nächsten Gespräch fragen, was er gemacht und erlebt hat, zeigen Sie, dass Sie zugehört haben. Das vertieft die Beziehung und hat zudem noch einen weiteren Vorteil, von dem vor allem Schüchterne und Introvertierte profitieren: Wenn man zuhört, muss man selbst nichts sagen! Somit kann man sich weder mit irgendwelchen Aussagen blamieren, noch muss man sich um interessante Gesprächsthemen sorgen.

WAS MACHT EIN GUTES GESPRÄCH AUS?

Der englische Philosoph und Historiker Theodore Zeldin hat darauf eine ganz einfache Antwort gefunden: Sprechen Sie über interessante Themen, die dazu einladen, dass beide Gesprächspartner viel von sich preisgeben. Wenn Sie aus dem Gespräch anders herauskommen, als Sie hineingegangen sind, können Sie sicher sein, dass es ein gutes Gespräch war. Das ist es, was eine Begegnung ausmacht: Jeder gewinnt und ist bereichert.

Ist man wirklich an der anderen Person interessiert, so ist das Vermeiden von Vorurteilen ein erster wichtiger Grundstein für eine gute Gesprächsbasis. Innerer Abstand zu den eigenen Positionen ermöglicht eine andere Dynamik im Gespräch. Statt Disput oder Monolog entsteht ein Dialog mit Erkenntnisgewinn, der auch unterschiedliche Sichtweisen zulässt.

Sollte die Konversation einmal stocken, können Sie Ihre direkte Umgebung als Aufhänger nutzen: ein Bild, die Wandfarbe, die Aussicht oder einen Gegenstand – zum Beispiel eine schöne Tasche. Oder aber Sie bereiten sich etwas ausgiebiger vor. Das mag zunächst verkrampft klingen, ist aber ein nützlicher Türöffner. Bei vielen gesellschaftlichen Anlässen – Hochzeit, Geburtstag oder Branchentreffen – weiß man ungefähr, auf wen man treffen wird. Also kann man sich im Vorfeld passende Themen, eventuelle Gemeinsamkeiten und geeignete Anknüpfungspunkte überlegen: „Woher kennst du die Braut?“, „Wie hat Ihnen der erste Vortrag gefallen?“ etc.

Wenn es einmal nicht glattgeht, Ihr Gegenüber nicht an einem Gespräch interessiert ist oder die Unterhaltung ins Stocken gerät: Nehmen Sie es nicht persönlich und lassen Sie sich auf keinen Fall entmutigen! Je öfter Sie sich trauen, andere anzusprechen, desto leichter wird es Ihnen fallen. Üben Sie in kleinen Einheiten und starten Sie im privaten Umfeld, vielleicht bei der nächsten Familienfeier oder auf der Arbeit.

Jedes Erfolgserlebnis ist dabei Dünger für Ihr Selbstbewusstsein und sorgt dafür, dass Ihnen der erste Schritt beim nächsten Mal wesentlich leichterfällt. Haben Sie sich getraut, jemanden anzusprechen? Dann loben Sie sich. Ist das Gespräch gut gelungen? Lassen Sie die Korken knallen. Sie haben es verdient! Und Sie werden feststellen: Die meisten Menschen lassen sich gerne auf kurze Plaudereien ein. Die Anzahl der Körbe wird also deutlich geringer sein als die der Früchte, die Sie ernten.

So überwinden Sie die Angst vor dem Scheitern

Ob es darum geht, zum ersten Mal zum Vereinstreffen zu gehen, eine Probestunde im Chor zu besuchen oder seine Hilfe in einem sozialen Projekt anzubieten: Der erste Schritt ist oftmals eine Hürde, weil wir nicht wissen, was auf uns zukommt. Wird es uns dort gefallen? Was für Leute werden wir dort treffen? Sind wir willkommen?

Ungewissheit macht vielen Menschen Angst, was dazu führt, dass wir am Ende zu Hause bleiben und eine Menge „guter Gründe“ finden, weshalb das die richtige Entscheidung ist. Denn machen wir uns nichts vor: Abgelehnt zu werden, etwas zu vermasseln, sich zu blamieren – kurzum zu scheitern – tut weh.

Sich ständig mit „Was-wäre-wenn“-Horrorszenarien auseinanderzusetzen und sich einzuigeln ist jedoch kontraproduktiv. Wir können Misserfolgen nicht aus dem Weg gehen; sie gehören zum Leben dazu. Es wäre allerdings schade, wenn wir uns vor lauter Angst vor dem Scheitern selbst im Weg stehen und weniger wagen würden. Wenngleich es uns widerstrebt, ist es also hilfreicher, sich weniger um

Sicherheit zu bemühen und stattdessen zu lernen, mit Unsicherheit und Angst umzugehen.

Wenn der Zweifel mal wieder an uns nagt und wir uns fragen, ob wir die Person uns gegenüber wirklich ansprechen sollen, ob es sich überhaupt lohnt, rauszugehen, und ob wir uns tatsächlich für den Nähkurs anmelden sollen, dann hilft neben einem aufbauenden, kraftspendenden und motivierenden Mottoziel auch die Auseinandersetzung mit der Frage, was Angst eigentlich ist, wie wir Scheitern bewerten und was uns dabei helfen kann, uns von diesem negativen Konstrukt zu befreien.

Was genau ist Angst?

Angst lähmt und ist oftmals nur ein Konstrukt in unserem Kopf. Grundsätzlich spricht nichts gegen Angst: Sie ist ein wichtiges Gefühl, das uns vor Gefahr bewahren will. Zum Problem wird sie lediglich dann, wenn wir sie in unserem Kopf konstruieren und damit Sorgen entwickeln, die unnötig oder unverhältnismäßig groß sind. Sie erkennen eine selbstkonstruierte Angststimme an limitierenden Gedanken, die Sie ausbremsen, wie zum Beispiel Selbstzweifel, Erinnerungen an vergangene Schwierigkeiten und Visionen von möglichen zukünftigen Stolperfallen. Das hat nichts mit Intuition, strategischem Denken oder gesundem Menschenverstand zu tun. Es ist eine innere Stimme, die uns Bedenken zuflüstert, um uns vom Kurs abzubringen.

Deshalb lohnt es sich, zu überprüfen, ob ein mulmiges Gefühl eine konstruierte Angst vor etwas ist oder vielleicht unsere Intuition, die uns vor einem Fehler bewahren will. Zu lernen, die Angststimme von der Intuition zu unterscheiden, erfordert Übung und Vertrauen. Je öfter wir dies üben, desto eher wissen wir, wann wir unserem Bauchgefühl Gehör verschenken sollten und wann wir einer Angst mit Skepsis begegnen sollten – vielleicht ist sie nur von uns konstruiert worden?

Hilfreich ist hierbei, Bewusstsein für die Angst zu schaffen. Das klingt paradox, funktioniert aber. Sobald wir uns dessen bewusst sind, dass wir gerade „nur" ein Gefühl verspüren, verliert dieses einen Großteil seiner Zugkraft. Bewusstheit für unsere Gefühle zu schaffen bewahrt uns davor, uns von unseren Gefühlen übermannen und in den Bann ziehen zu lassen, denn das gefährdet unsere seelische Gesundheit. Folgende Fragen ermöglichen eine sachliche Betrachtung Ihrer Angst und schaffen damit Bewusstein: Was wäre, wenn Ihr Vorhaben entgegen allen negativen Erwartungen gelingt? Welche realistischen Risiken birgt dieser Schritt? Und was könnte schlimmstenfalls passieren?

Um Ihre Angst wahrnehmen und sachlich einschätzen zu können, hilft es zudem, den Geist zur Ruhe kommen zu lassen. Der Volksmund sagt nicht umsonst „In der Ruhe liegt die Kraft". Angst, Nervosität oder Stress verbauen den Zugang zu unserer Intuition. Je ruhiger wir hingegen sind, desto leichter hören wir unsere innere Stimme und finden langfristig aus der Angst heraus.

Sinnvoll ist es deshalb, sich regelmäßig zu entspannen. Dabei gibt es unterschiedliche Wege, um zur Ruhe zu kommen. Das kann Sporttreiben oder ein Konzertbesuch sein, aber auch Wandern oder Meditieren. Eine einfache und schnelle Möglichkeit ist es, auf den Atem zu achten. Probieren Sie verschiedene Dinge aus und finden Sie heraus, welche Methode am besten zu Ihnen passt.

EINFACHE ATEMÜBUNG FÜR INNERE RUHE

Setzen Sie sich bequem hin und legen Sie Ihre dominante Hand in Höhe des Bauchnabels auf den Bauch. Beginnen Sie nun, im 4-6-8-Rhythmus zu atmen:

- Zählen Sie beim Einatmen bis vier.
- Halten Sie die Luft an und zählen Sie dabei bis sechs.
- Atmen Sie dann langsam aus und zählen Sie dabei bis acht.

Kommen störende Gedanken auf, dann lassen Sie sie wie Wolken weiterziehen. Haben Sie Schwierigkeiten, sich zu konzentrieren, dann fokussieren Sie sich entweder auf Ihren Atem, zum Beispiel darauf, wie er durch die Nase ein- und ausströmt, oder auf die Hand, die auf Ihrem Bauch liegt. Wie fühlt sie sich an? Welche Wärme strahlt sie aus?

Sie können auch das Zählen weglassen und stattdessen einzelne Wörter oder kurze Sätze wie Mantras wiederholen, z. B. „Ich erlaube mir Seelenfrieden" oder „Ich vertraue auf meine innere Stärke". Nutzen Sie zudem Ihre Fantasie und stellen Sie sich Ihre Sätze bildlich vor.

Nehmen Sie die Herausforderung an!

Schwierige Aufgaben angehen zu müssen, bei denen wir scheitern könnten, erhöht den Stresspegel. Sobald wir diesen Stress jedoch nicht mehr als Bedrohung, sondern als Herausforderung betrachten, verändert sich unser Blickwinkel entscheidend. Wir glauben eher, dass wir in der Lage sind, die Aufgabe meistern zu können. Das beruhigt Körper und Geist und macht uns leistungsfähiger.

Damit dieser Perspektivwechsel gelingt, hilft es, über ähnliche Herausforderungen nachzudenken, die wir bereits gemeistert haben. Wie sind Sie damals vorgegangen? Was hat zum Erfolg geführt? Indem Sie sich daran erinnern, dass Sie schon einmal erfolgreich gewesen sind und über die entsprechenden Ressourcen verfügen, erscheint die vor Ihnen liegende Aufgabe weniger schwierig.

Auch negative Erfahrungen können hilfreich sein. Überlegen Sie, was sich Gutes aus einer schlechten Erfahrung ergeben hat. Was haben Sie daraus gelernt? Was würden Sie heute anders machen? Was bedeutet das für künftige Situationen, die ähnlich sind? Fangen Sie klein an: Wie wäre beispielsweise eine Verabredung, zu der Sie zu spät gekommen sind? Schreiben Sie mindestens drei Dinge auf, die Sie aus der Situation gelernt haben. Vielleicht sollten Sie künftig andere Prioritäten setzen, Ihren Perfektionismus herunterschrauben oder Ihre Zeiteinteilung überdenken? Welche Schlüsse ziehen Sie aus Ihren Erkenntnissen, damit solche Fehler in Zukunft nicht noch einmal passieren?

Visualisieren Sie im nächsten Schritt Ihren Erfolg. Wenn Sie sich lebhaft vorstellen, wie Ihnen die bevorstehende Aufgabe gelingt und wie Sie sich im Anschluss fühlen, denn gehen Sie das Ganze automatisch positiver an, was Ihre Leistung verbessern kann. Wenn Sie hingegen darüber nachdenken, was schiefgehen könnte, wächst Ihre Angst, und der von Ihnen befürchtete Misserfolg wird wahrscheinlicher. Das nennt man eine „selbsterfüllende Prophezeiung".

Seien Sie gut zu sich

Wenn dann doch einmal etwas misslingt, ist es wichtig, dass Sie nicht zu hart mit sich ins Gericht gehen. Es liegt an uns, zu entscheiden, ob wir in einer negativen Grübelspirale hängenbleiben, oder ob wir rücksichtsvoll mit uns selbst umgehen. Sich schuldig zu fühlen und sich selbst zu kritisieren, ist keine Hilfe, um künftiges Scheitern zu verhindern oder mit Fehlern besser umzugehen. Versuchen Sie stattdessen, auf unterstützende, freundliche und fürsorgliche Weise mit sich zu sprechen. Ein wertschätzendes inneres Zwiegespräch erhöht die Chancen, Fehler zu akzeptieren und es beim nächsten Mal besser zu machen.

Seien Sie im Moment präsent und akzeptieren Sie ihn so, wie er ist. Studien belegen, wie wohltuend Akzeptanz – vor allem Selbstakzeptanz – für uns ist. Statt durch Unsicherheit oder Angst gelähmt zu sein, bleiben wir handlungsfähig und können analysieren, was genau schiefgelaufen ist und was wir in Zukunft anders machen können.

Wir können schwierige Situationen und Missgeschicke zudem besser verarbeiten, wenn wir ihnen einen Sinn zuschreiben. Damit geben wir dem Geschehenen einen Wert und können seine Auswirkungen besser in unser Leben integrieren. Beantworten Sie sich daher Fragen wie „Wozu war dieses Erlebnis gut?“ und „Was habe ich daraus gelernt?“. Schwierige Situationen haben ein großes Potenzial, uns zu lehren, bessere Entscheidungen zu treffen und das Niveau unserer Grundzufriedenheit zu erhöhen. Wenn wir diese Herausforderung annehmen, können wir ein befriedigenderes und sinnvolleres Leben führen.

Selection – Wählen Sie Qualität vor Quantität!

Die Qualität sozialer Interaktionen ist deutlich wichtiger als ihre Häufigkeit, wenn es darum geht, Einsamkeit zu reduzieren. Lieber einige wenige Kontakte, die nähren, als viele flüchtige Bekanntschaften, die möglichweise die Sehnsucht nach Gemeinschaft ungestillt lassen. Erlauben Sie sich deshalb, selektiv zu sein. Sie sind keineswegs egoistisch, wenn Sie nach den für Sie passenden Kirschen im Kuchen suchen. Es geht um *Ihr* Wohl und um *Ihre* Bedürfnisse. Was bringt es Ihnen, wenn die Art der Beziehung nicht die ist, die Sie sich wünschen oder Ihre Interaktionspartner nicht zu Ihnen passen? Wählen Sie bewusst die Menschen aus, die auf Ihrer Wellenlänge sind, was Interessen und Temperament angeht. Beziehungen sollten Ihnen guttun, nicht schaden.

Zwar sind wir Menschen allesamt unterschiedlich, doch gibt es bestimmte Dinge, die allgemein dazu beitragen, dass eine Beziehung gelingt – zum Beispiel Regemäßigkeit, Zuverlässigkeit und gegenseitiges Vertrauen. Ebenso wichtig ist es allerdings, zu erkennen, wann Ihre Bemühungen nicht die gewünschten Früchte tragen. In diesem Kapitel möchte ich Sie deshalb unter anderem dazu ermutigen, zu überprüfen, ob die Beziehungen, die Sie geknüpft haben, passen, und wie Sie sich gegebenenfalls wieder aus ihnen lösen können.

So hält man Freundschaften lebendig

Der Dreh- und Angelpunkt im Freundschaftsprozess ist die Zunahme von Intimität. Sicher, man sollte nicht gleich mit der Tür ins Haus fallen und den anderen mit dem eigenen Kontaktbedürfnis ersticken, aber sich einander zu öffnen, ist insgesamt von großer Bedeutung. Verbundenheit entsteht, wenn man nach und nach mehr von sich preisgibt und der andere das entgegengebrachte Vertrauen mit derselben Offenheit erwidert.

Philosophen und Wissenschaftler sind sich einig, dass eine bedingungslose, quasi „grundlose“ Freundschaft wohl die tiefste und langlebigste ist. Es braucht jedoch seine Zeit, bis man zueinanderfindet. Sich zu öffnen und gegenseitig zu unterstützen, erfordert gemeinsame Erlebnisse und die Erfahrung, dass man sich aufeinander verlassen kann. Viele geben weder sich noch dem anderen diese Zeit.

Zudem wird oftmals die notwendige Pflege der Freundschaft unterschätzt: Wenn die verbindende Komponente einzig darauf beruht, dass man sich zum Partymachen oder alle vier Wochen zum Bowlen trifft, dann ist die Freundschaft sehr zerbrechlich, da man keinen tieferen Einblick in das Leben des anderen hat und der Weggefährte somit theoretisch austauschbar ist.

Wünschen Sie sich gelingende und nährende Beziehungen zu anderen Menschen, dann müssen auch Sie bereit sein, zu teilen, zu geben und zu wachsen. Fragen Sie sich also, inwieweit Sie willens sind, jemand anderen in Ihr Leben zu lassen. Was sind Sie zu geben bereit? Haben Sie genug Zeit, um eine Freundschaft zu pflegen? Können Sie ehrliches Interesse für den anderen aufbringen und sich mit ihm für seine Erfolge freuen? Sind Sie offen für Kritik und willens, an sich zu arbeiten, falls es zu Konflikten kommt?

Realistische Erwartungen sind ebenso entscheidend für eine gelingende Freundschaft. Wenn wir mit allen Mitteln aus der Einsamkeit herauswollen oder mit zu hohen Erwartungen an neue Freundschaften herangehen, dann überfordern wir uns und andere. Aus der Glücksforschung weiß man, dass Herausforderungen mit mittlerem Schwierigkeitsgrad ideal sind, um motiviert zu bleiben und nicht enttäuscht zu werden. Ermöglichen Sie sich also mit realistischen Zielen hohe Erfolgschancen!

Befreien Sie sich zudem von dem Anspruch, den einen, perfekten Freund zu finden, der Ihnen in allen Lebensbereichen ähnelt, immer Zeit hat und sich stets Ihren Bedürfnissen anpasst. Serien wie *Friends* oder *Sex and the City* möchten uns zwar weismachen, dass diese Form der Freundschaft existiert, aber denken Sie daran, dass das lediglich fiktive Szenarien sind. Der Wunsch nach einem einzigen Seelenverwandten, mit dem man durch dick und dünn geht und neben dem man sonst niemanden braucht, blockiert. Sie brauchen keinesfalls ein ganzes Adressbuch voll neuer Kontakte, aber versuchen Sie dennoch, sich ein Netzwerk aufzubauen, damit es immer jemanden gibt, an den Sie sich wenden können. Mit der einen Person können Sie joggen gehen, mit der anderen lässt es sich gut über Gott und die Welt reden, und mit einer dritten kann man prima um die Häuser ziehen.

Sobald Sie sich von zu hohen Erwartungen befreit und erste Kontakte geknüpft haben, ist die Frage, was Sie tun können, um eine Freundschaft lebendig zu gestalten, zu vertiefen und langfristig aufrechtzuerhalten. Hier sind einige Ideen:

- Ermöglichen Sie Erlebnisse, die gemeinsame Erinnerungen schaffen. Wir sind heutzutage nur eine SMS, einen Mausklick oder einen Anruf voneinander entfernt. Freundschaft lebt von Regelmäßigkeit. Spricht man sich nur sporadisch, besteht die Gefahr, dass man sich irgendwann auseinanderlebt.

- Lassen Sie den anderen an Ihrem Leben teilhaben. Sich in Gesprächen immer nur an der Oberfläche zu bewegen, kann mit der Zeit langweilig werden und verhindert, dass Vertrauen und Tiefe entstehen.
- Überfordern Sie den anderen jedoch nicht, selbst dann nicht, wenn er anbietet, dass Sie jederzeit zu ihm kommen können. Dadurch können ungesunde Abhängigkeiten oder ungewollte Einseitigkeit entstehen.
- Seien Sie zuverlässig. Eine Umfrage des Berliner Psychotherapeuten Dr. Wolfgang Krüger ergab, dass 55 Prozent der Befragten in fehlender Zuverlässigkeit den gravierendsten Vertrauensbruch sehen.
- Lassen Sie die Freundschaft nicht zu einer Selbstverständlichkeit werden und bleiben Sie aufmerksam. Durch kleine Gesten wie eine Karte zum Geburtstag, einen Überraschungsbesuch oder eine Einladung zum Italiener bringen Sie dem anderen Wertschätzung entgegen und schaffen gemeinsame Erinnerungen.
- Sie können auch Ihre Unterstützung anbieten, wie z. B. die Blumen zu gießen, wenn Ihre Freundin im Urlaub ist, oder die Kinder zu hüten, wenn Ihr Nachbar krank ist. Zeigen Sie, dass der andere sich auf Sie verlassen kann – in guten wie in schlechten Zeiten. Achten Sie dabei allerdings auf eine gute Balance zwischen Geben und Nehmen.
- Kommunizieren Sie klar und ehrlich, damit der andere Sie auch wirklich verstehen kann. Egal wie lange Sie sich kennen, es ist wichtig, insbesondere in Gefühlsdingen verständlich zu sein, um ungewollte und ggf. gravierende Missverständnisse zu vermeiden.
- Gegenseitiger Respekt, die Achtung vor einer Person, die Anerkennung ihrer Leistungen, die Wertschätzung ihrer Fähigkeiten – all das sind Fundamente, die tragen. Signalisieren Sie Ihrem Gegen-

über, dass Sie ihn als den Menschen akzeptieren, der er ist, und freuen Sie sich mit ihm über seine Erfolge.

- Verzeihen Sie Fehler, denn wir machen sie alle. Jedem passiert es einmal, dass man etwas Unbedachtes sagt oder einem im Eifer des Gefechts ein falsches Wort herausrutscht. Wer verzeihen kann, zeigt Größe und schafft Vertrauen.
- Lernen Sie, Gegensätze auszuhalten. Ein Freund kann auch ein Freund sein, wenn er Sie kritisiert. Womöglich ist er genau deswegen ein Freund. Mit Kritisieren ist dabei kein Abwerten gemeint, sondern wertschätzendes und konstruktives Feedback. Daran können sowohl Sie als auch Ihre Freundschaft wachsen.

Kommunikation ist der Schlüssel in schwierigen Zeiten

Es gibt in jeder Freundschaft immer mal wieder Momente oder auch Phasen, in denen es holpert. Das bedeutet aber noch lange nicht, dass Sie nicht zueinander passen und Sie den Kontakt sofort abbrechen sollten. Es heißt zwar „Reden ist Silber, Schweigen ist Gold", aber wertschätzend die eigene Wahrnehmung auszusprechen, kann wahre Wunder wirken. Vielleicht fällt Ihre Freundin aus allen Wolken, wenn sie hört, dass Sie sich vernachlässigt fühlen. Und möglicherweise war dem neuen Bekannten gar nicht bewusst, dass er bei Ihnen mit seiner Passivität Zweifel geweckt hat, ob aus ihm tatsächlich ein Freund werden kann.

Für den gelungenen und ebenbürtigen Umgang mit anderen Menschen ist es wichtig, dass wir über Dinge sprechen können, die uns beschäftigen, die wir nicht gut finden oder gerne anders hätten. Dabei gilt es abzuwägen, ob bzw. wie man seinem Gegenüber sagt, dass einem etwas in der Beziehung nicht gefällt – denn man möchte nicht Gefahr laufen, die zarte Blüte einer neuen Freundschaft gewaltsam abzureißen.

Um des lieben Friedens willen nichts zu sagen, ist allerdings keine Lösung. Unser Harmoniebedürfnis kann uns schnell dazu verführen, fremden Erwartungen – ob tatsächlich vorhanden oder imaginär – gerecht zu werden. Dann handeln wir gegen uns und unsere Werte. Ohne Grenzen zu setzen, kann es passieren, dass wir uns ausgebrannt und unzufrieden fühlen. Das ist kein guter Nährboden für eine Freundschaft, denn die muss auch mal etwas aushalten können.

Kritik einzustecken, ist nicht leicht, Kritik zu erteilen, ist oftmals genauso schwierig. Sachlich und angemessen Feedback zu geben, ist eine Kunst. Wer ein paar Regeln beachtet, kann Ärger nicht nur vermeiden, sondern sogar das Verhältnis mit seinem Gegenüber verbessern.

Wichtig ist zunächst, das Anliegen frühzeitig anzusprechen. Um unangenehme Konflikte zu vermeiden, wird Kritik oftmals über einen längeren Zeitraum hinweg unterdrückt. Das Problem dabei ist, dass der Ärger weiter wächst, bis einem irgendwann der Kragen platzt. Dann sagt man womöglich aus dem Impuls heraus Dinge, die einem hinterher leidtun.

Ich-Aussagen sind ein unverzichtbares Kommunikationsmittel, insbesondere bei Kritik und Konflikten. Äußern Sie Ihre Gefühle, Wünsche und Hoffnungen, anstatt dem anderen lediglich Vorwürfe zu machen. Bedenken Sie: Sie wissen nicht alles, was in dem anderen vorgeht. Vielleicht hatte er bestimmte Gründe für sein Verhalten.

Schaffen Sie eine angenehme Gesprächsatmosphäre und achten Sie auf den passenden Zeitpunkt. Wählen Sie einen neutralen, ruhigen Ort, vielleicht einen Park oder ein Café. Fragen Sie den anderen, wann es ihm zeitlich passt, planen Sie genügend Zeit ein und vermeiden Sie Unterbrechungen durch Telefonate oder andere Störungen. Sie können Ihrem Freund oder Bekannten bereits vor dem Gespräch sagen, worum es ungefähr geht, damit er nicht vollkommen überraschend vor harte Fakten gestellt wird. Wählen Sie zudem einen positiven Gesprächseinstieg, damit sich Ihr Gegenüber nicht fühlt wie auf einer Anklagebank.

Beschreiben Sie anschließend möglichst sachlich, was Sie beobachtet haben und was das mit Ihnen gemacht hat – ohne anzugreifen oder zu bewerten. Bedenken Sie, dass es um das Verhalten geht, nicht um die Person. Überprüfen Sie während des gesamten Gesprächs immer wieder, ob das, was Sie gerade besprechen, zielführend ist. Behalten Sie Grund und Thema des Gesprächs im Auge und schweifen Sie nicht ab.

Versuchen Sie zum Schluss, sich auf ein klares Ziel zu einigen. Vermeiden Sie dabei Ratschläge oder Vorschriften. Geben Sie lediglich Anregungen und hören Sie sich an, was der andere zu sagen hat. Bei einer Meinungsverschiedenheit gehören immer zwei dazu, und es liegt Ihnen im Idealfall beiden etwas daran, die Freundschaft so weiterzuführen, dass alle Beteiligten sich wohlfühlen. Es sollte dabei weder Sieger noch Verlierer geben.

UNANGENEHMES ANSPRECHEN

Kritik lässt sich leichter mit der sogenannten SAG-ES-Formel kommunizieren, wobei ein unangenehmes Gespräch auch mit der weltbesten Rhetorik unangenehm bleibt. Es geht eher darum, etwas anzusprechen und für die eigenen Bedürfnisse einzustehen, ohne dabei den anderen zu verletzen.

- S steht für Sachverhalt: Worum geht es genau? Was löst in mir ein ungutes Gefühl aus?
- A steht für Auswirkung: Wie wirkt sich das Verhalten des anderen auf mich und meine Haltung ihm gegenüber aus?

- G steht für Gefühl: Wie fühle ich mich dann? Was bewirkt die Situation bei mir?
- E steht für Empfindung des anderen einholen: „Wie siehst du das?"
- S bedeutet Schlussfolgerung finden: „Wie gehen wir ab sofort damit um?"

Sich zunächst mit dem Sachverhalt und der Auswirkung auseinanderzusetzen, bevor es an die Gefühle geht, mag eine trockene Übung sein, bringt aber Klarheit. Indem wir uns erst einmal mit den Fakten, mit Ursache und Wirkung befassen, fühlt sich der andere nicht in die Defensive gedrängt. Dadurch bleiben wir im Dialog.

Nehmen wir an, Sie haben eine Bekannte, mit der Sie sich eine engere Verbindung vorstellen könnten. Sie sind sich aber nicht sicher, ob das auf Gegenseitigkeit beruht. Bei Ihren Treffen haben Sie immer viel Spaß, aber leider werden Verabredungen oft und kurzfristig abgesagt oder verschoben. Als Gründe werden die Arbeit, die pflegebedürftige Mutter oder allgemeines Unwohlsein genannt.

Ist es kleinlich anzumerken, dass man sich mehr Zuverlässigkeit wünscht? Was macht man mit dem nagenden Misstrauen, dass die andere kein Interesse hat und die genannten Gründe nur Ausreden sind? Oder bildet man sich das nur ein und zeigt zu wenig Empathie?

Ohne die Situation zu klären, wird man auf dem Gedankenkarussell festsitzen. Ein Gespräch kann zwar dazu führen, dass die andere sagt, dass sie in Ihnen nur eine Bekannte sieht und mehr nicht, aber dann wissen Sie wenigstens, woran Sie sind, und vergeuden keine wertvolle Zeit mit negativen Gedanken und Zweifeln.

- Sachverhalt: „Die beiden letzten Treffen wurden kurzfristig von dir abgesagt, einmal weil du beruflich verhindert warst, und am Sonntag, weil du dich unwohl gefühlt hast."

- Auswirkung: „Das hat meine Planung über den Haufen geworfen und mir wegen der Kurzfristigkeit wenig Möglichkeiten für Alternativen gegeben. Ich hätte die Zeit lieber mit dir verbracht.“
- Gefühl: „Es hat mich traurig gemacht, dass wir uns nicht sehen konnten. Außerdem fühle ich mich vernachlässigt. Für mich ist Zuverlässigkeit wichtig, weil es mir Vertrauen gibt. Leider nagen momentan Zweifel an meinem Vertrauen.“
- Empfindung des anderen einholen: „Wie siehst du das?“
- Schlussfolgerung finden: „Was schlägst du vor, wie wollen wir zukünftig miteinander umgehen?“

Gehen oder bleiben?

Sie haben sich dazu entschieden, ein klärendes Gespräch mit Ihrer Freundin oder Ihrem Bekannten zu führen, und stellen nach kurzer Zeit fest, dass es nicht gefruchtet hat. Was nun? Den Kontakt abbrechen, die Beziehung auslaufen lassen, eine Auszeit nehmen, es nochmals versuchen?

Pauschal lässt sich das nicht beantworten. Wichtig ist jedoch, dass Sie bewusst entscheiden, wie es weitergehen soll, und nicht darauf warten, dass die Zeit oder eine andere Person Ihnen die Entscheidung abnimmt. Sich zum Opfer der Umstände zu machen und hinterher zu bedauern, sich nicht frühzeitig beziehungsweise überhaupt entschieden zu haben, ist frustrierend – und zwar wesentlich mehr als Entscheidungen, die sich im Nachhinein als weniger klug herausstellen.

Aber wie stellt man sicher, dass man sich richtig entscheidet? Da wir über zwei Entscheidungssysteme verfügen – Kopf und Bauch –, ist es sinnvoll, beide zu Wort kommen zu lassen. Meistens beschließt der Kopf irgendetwas, und unser Unbewusstes bleibt außen vor.

Daher der erste Tipp: Beide Entscheidungssysteme – Kopf und Bauch – müssen befragt und am besten synchronisiert werden. Wenn beide, Kopf und Bauch, das Gleiche wollen, geht das Entscheiden und Umsetzen wie von allein. Dabei ist folgende Reihenfolge zu beachten: Erst einmal erspüren, wie sich ein Entscheid anfühlt, und dann überlegen, wieso das so ist. Wie fühlt es sich an, wenn Sie Corinna treffen? Zeichnen Sie dafür zwei Striche – einer steht für das positive Gefühl, der andere für das negative. Schreiben Sie oben 100 und unten 0 hin. Setzen Sie nun spontan, ohne nachzudenken, jeweils ein Kreuz auf den Plus- und auf den Minusstrich. Wie erklären Sie sich das Ergebnis? Auf der positiven und auf der negativen Seite? Dieses Vorgehen – erst bauchfühlen und dann reflektieren – liefert Ihnen mehr Informationen als eine reine Pro-und-Kontra-Liste.

Zweiter Tipp: Überlegen Sie, ob es möglich ist, die Gefühle zu verändern, also das negative Gefühl zu reduzieren oder das gute Gefühl zu erhöhen. Was könnten Sie tun, um sich besser zu fühlen, wenn Ihre Quasselfreundin wieder einmal mit einem ihrer Dauermonologe beginnt? Oder ein Bekannter sich zum x-ten Mal nicht meldet?

Dritter Tipp: Stellen Sie sich verschiedene Zukunftsszenarien vor, und zwar so realistisch wie möglich. Das ist besonders erhellend, wenn man in einem Dilemma steckt, zum Beispiel ob Sie alleine einen Segeltrip in der Ägäis mit unbekannten Leuten machen wollen oder doch lieber einen Kulturtrip in Ihre Lieblingsstadt mit einer guten Bekannten, die sie sympathisch, aber auch leicht nervig finden. Setzen Sie bei allen Faktoren Fantasie und Bauchgefühl in Gang: die sonnige Ägäis, das strahlend blaue Meer, die neuen Leute, das Abenteuer Segeln, der mögliche Gruppenkoller oder der nervige Skipper, Ihr Lieblingsrestaurant in Ihrer Herzensstadt, die Sonderausstellung, die Sie schon lange sehen wollten, die launigen Abende auf der Plaza, das nervige Verhalten Ihrer Bekannten. Entscheidungen fallen leichter, je mehr Information zur Verfügung steht.

Tipp vier: Überlegen Sie sich, ob Sie so etwas Ähnliches schon einmal erlebt haben. Befragen Sie auch Bekannte und Freunde dazu. Optimal sind Menschen, die wenig von Ihrer Entscheidung betroffen sind. Jede Erfahrung erweitert Ihr Wissen und kann Ihnen mehr Sicherheit bringen.

Verabschieden Sie sich vor allem von dem Wunsch, die hundertprozentig richtige Entscheidung treffen zu wollen. Keiner von uns hat eine Kristallkugel, mit der er in die Zukunft sehen kann. Im Moment der Entscheidung ist es unmöglich, zu erahnen, wie sich die Dinge entwickeln werden. Außerdem gibt es in den wenigsten Fällen ein eindeutiges Richtig oder Falsch. Wir Menschen sind so gestrickt, dass wir uns schnell an neue Umstände gewöhnen – selbst wenn es im Nachhinein eventuell eine bessere Wahl gegeben hätte. Die Chance, dass Sie am Ende auch mit einer scheinbar „falschen“ Entscheidung zufrieden sind, ist also hoch.

Woran man merkt, dass es nicht (mehr) passt

Jede Freundschaft fängt mit einer ersten Begegnung an, bei der wir intuitiv spüren, ob wir den anderen mögen oder nicht. Gegenseitige Sympathie kann dann zu einer tiefen Freundschaft werden. Je nach Art und Tiefe der Freundschaft zeigt sich im Laufe der Zeit, ob wir nur einige Etappen oder den gesamten Lebensweg gemeinsam bestreiten werden.

Nach einer intensiven Zeit des Teilens, Wachsens und Gebens kann es mitunter sehr schmerzhaft sein, zu erkennen, dass man nun auf unterschiedlichen Wegen oder in verschiedenen Geschwindigkeiten unterwegs ist. Hier sind einige Anzeichen, an denen Sie erkennen, dass es Zeit ist, loszulassen:

- Die Treffen geschehen aus einem Pflichtgefühl heraus und nicht mehr aus Lust, Freude und Neugier.
- Der Austausch ist keine Bereicherung mehr. Gespräche laufen schleppend ab – alles wirkt zäh. Das, was einen einst verbunden hat, existiert nicht mehr.
- Man hat das Gefühl, bei den Treffen nicht mehr man selbst sein zu können. Man fühlt sich unwohl und fürchtet sich davor, offen, authentisch und ehrlich zu sein. Nach den Treffen fühlt man sich angespannt oder ausgelaugt.
- Die Balance zwischen Geben und Nehmen stimmt nicht mehr, angefangen von einseitigem Kontakt bis hin zu dem Gefühl, vernachlässigt zu werden oder zurückstecken zu müssen.
- Es herrschen Gleichgültigkeit und Desinteresse – vielleicht auf beiden Seiten, vielleicht nur einseitig.
- Man vermisst den anderen nicht, auch nicht bei wichtigen Lebensereignissen, die man zuvor gerne mit ihm geteilt hätte.
- Die Freundschaft trägt nicht mehr zur eigenen Weiterentwicklung bei. Statt Ermutigung, Unterstützung oder wohlwollende Fürsorge zu erfahren, wird man belächelt, kleingehalten oder abgewertet.
- Unwichtige Kleinigkeiten fangen an zu nerven, und es wird jedes Haar in der Suppe gesucht.

Es gibt immer wieder Momente im Leben, in denen man merkt, dass eine Bekanntschaft nicht die Substanz gewinnen wird, die man sich wünscht, oder dass eine Freundschaft nicht mehr passt. Die Interessen und Wertvorstellungen sind zu verschieden, um gemeinsam weiterzugehen.

Eine Freundschaft zu beenden und die Hoffnung auf eine erfüllende Beziehung loszulassen, ist kein leichter Schritt. Trotz der Trauer oder anfänglicher Gewissensbisse kann das Loslassen aber auch das Herz erleichtern.

NICHT SO HASTIG!

Oft erfolgen Veränderungen in Beziehungen auch durch Veränderungen im Leben – sei es ein neuer Partner, eine Kündigung, Familienzuwachs oder ein Umzug. All das kann Auswirkungen auf eine freundschaftliche Verbindung haben. Verändern sich die Umstände, verändern auch wir uns. Überstürzen Sie deshalb nichts, wenn es in Ihrer Freundschaft einmal kriselt – vielleicht braucht es einfach nur ein wenig Zeit, bis sich die Wogen von selbst wieder glätten?

Das Loslassen von Freund- und Bekanntschaften ist keine Spontanentscheidung, sondern ein Prozess. Dabei ist es wichtig, zu überdenken, um welche Art der Freundschaft es sich handelt, was einen einst zusammenhielt, wie der aktuelle Zustand aussieht und welche Hoffnungen Sie für die Zukunft haben. Betrachten Sie diese kurzfristigen Impulse möglichst neutral und sachlich, um nicht von Ihren Gefühlen beeinflusst zu werden.

Schauen Sie sich zudem an, welche Rolle Sie selbst in dem Szenario spielen: Haben Sie sich verändert oder ist es bei Ihnen in letzter Zeit stressig, sodass Sie Ihrem Freund nicht ausreichend Aufmerksamkeit schenken konnten? Stimmt die Balance zwischen Geben und Nehmen?

Eine objektive Analyse hilft dabei, sich Klarheit über die eigenen Bedürfnisse zu verschaffen. Allein die Erkenntnis, dass man zum Beispiel unter Verlustängsten leidet, sich nicht gut abgrenzen kann, allen gefallen möchte oder einen Fehler gemacht hat, kann ein weiterer Schritt im persönlichen Reifungsprozess sein und hilft bei der Neuorientierung. Man weiß nun besser, was man will und braucht.

Nehmen Sie „richtig" Abschied

Wenn wir versucht haben, einen alten Kontakt aufzufrischen, und unsere Bemühungen keine Früchte tragen, oder wenn wir bei neuen Bekanntschaften feststellen, dass die Chemie nicht stimmt und wir selbst beim besten Willen keine Motivation verspüren, den Kontakt zu intensivieren, dann heißt es Abschied nehmen.

Trennungen und Abschiede gehören zum Leben dazu, und dennoch fällt vielen das Loslassen schwer. Aus neurowissenschaftlichen Studien geht hervor, dass Trennungsschmerz genauso intensiv sein kann wie körperliche Schmerzen. Dennoch ist es wichtig, sich mit einem Verlust auseinanderzusetzen und bewusst loszulassen, denn wie wir das Ende von etwas wahrnehmen, prägt unsere Erinnerung.

Wenn eine Freundschaft ohne Verabschiedung endet, kann es passieren, dass wir die ganze Freundschaft infrage stellen. Die vielen gemeinsam verbrachten, schönen Stunden verblassen hinter den von dem offenen Ende ausgelösten Zweifeln. In einem solchen Fall sollten wir einen guten, runden Abschluss finden – unserem eigenen Wohlbefinden zuliebe.

EIN GUT ABGERUNDETER ABSCHLUSS (*WELL-ROUNDED ENDING*)

Die deutschen Wissenschaftlerinnen Prof. Dr. Gabriele Oettingen, Dr. Bettina Schwörer und Nora Krott haben in sieben Studien untersucht, ob und wie Menschen davon profitieren, wenn sie zum einen das Gefühl haben, dass sie etwas endgültig abschließen konnten, und zum anderen, dass sie dafür alles getan haben, was hätte getan werden können. Sie beobachteten, dass wir weniger bedauern und bei allem Schmerz sogar die möglichen positiven Folgen erkennen, wenn beides gegeben ist.

Etwas bewusst abzuschließen, ermöglicht es uns, in die nächste Phase unseres Lebens einzutreten. Die meisten von uns wissen intuitiv, wie wichtig es ist, sich zu verabschieden. Wie aber schaffen wir es, mit etwas abzuschließen und loszulassen, ohne zu verzagen oder uns selbst Vorwürfe zu machen?

Machen Sie sich zunächst bewusst, dass Abschiede Teil des Lebens sind. Zu akzeptieren, dass alles stetig im Wandel ist und so ziemlich alles einen Anfang und ein Ende hat, befreit ungemein. Wir können in unserem Alltag nur das Wenigste wirklich kontrollieren. Um einen guten Abschluss zu finden, hilft es, zu überlegen, wo wir im Trennungsprozess positiv Einfluss nehmen können und was wir tun können, um den Abschied angenehmer zu gestalten.

Geben Sie Ihren Gefühlen zudem Raum und Zeit. Oftmals mischen sich in den Abschiedsschmerz neben Trauer und Sehnsucht auch Wut, Enttäuschung oder Schuldgefühle. Je besser wir uns in solchen Situationen liebevoll begleiten können, desto besser kommen wir auch mit widersprüchlichen Gefühlen zurecht.

Vielleicht stellt sich bei Ihnen trotz aller Trauer auch ein Gefühl der Befreiung oder Erleichterung ein? Machen Sie sich keine Sorgen: Das ist absolut in Ordnung! Sie dürfen zuversichtlich sein und sogar freudige Pläne für die Zukunft machen. Eltern, deren Kinder flügge werden und das Haus verlassen, kennen das sicherlich: Man trauert den alten Zeiten nach, macht sich Sorgen, ob die Kinder ihren Weg finden werden, und fühlt sich einsam. Gleichzeitig stellt man fest, dass die Veränderung ebenfalls neue Chancen und Freiheiten birgt. Loslassen geht nicht nur mit negativen Gefühlen einher. Nutzen Sie die neue Energie für neue Begegnungen.

Bin ich jetzt gescheitert?

Sollte aus einer Bekanntschaft nichts werden oder sich eine alte Freundschaft nicht auffrischen lassen, dann verabschieden Sie sich von dem Gedanken, gescheitert zu sein. Manchmal passt es einfach nicht, oder mindestens einer hat sich so stark verändert, dass es nicht mehr funktioniert. Veränderungen in Freundschaften ergeben sich vor allem daraus, dass wir uns selbst verändern. Wir werden reifer, selbstbewusster, stärker, haben neue Interessen – und stellen irgendwann fest, dass wir uns in unterschiedliche Richtungen bewegen.

Wenn es zu einem Abschied kommt, dann dürfen und sollten Sie das betrauern. Wichtig ist lediglich, wie Sie mit der vermeintlichen Niederlage umgehen: Stehen Sie sofort wieder auf und marschieren weiter, ohne zu schauen, weshalb Sie gestürzt sind? Oder umklammern Sie das blutende Knie, ohne Aussicht darauf, allein wieder auf die Beine zu kommen?

Forscher sprechen von einem „schlechten Scheitern“, wenn durch unseren Umgang mit der Niederlage unser Selbstwertgefühl sinkt. Folgen hiervon können stark einschränkende Schamgefühle, Passivität und Depressionen sein. Wem es dagegen gelingt, das Scheitern zu akzeptieren und darin eine Möglichkeit für eine Veränderung oder einen Neuanfang zu erkennen, der hat seinen Weg für ein „gutes Scheitern“ gefunden.

Hierbei hilft bisweilen ein Blick zurück in die Vergangenheit: Das Wissen, wie wir Misserfolge bisher gemeistert und aus unseren Fehlern gelernt haben, stärkt unsere Selbstsicherheit und nährt unsere Zuversicht, auch bei künftigen Bruchlandungen wieder aufstehen zu können. Wenn wir uns daran erinnern, wie oft wir uns schon aus misslichen Lagen herausmanövriert haben, dann stärkt das unser Vertrauen in uns selbst. Die Erfahrung, dass wir auch mit ungewissen oder schwierigen Situationen umgehen können, ermöglicht es uns, über uns hinauszuwachsen.

Expect the best – Erwarten Sie das Beste!

Menschliches Handeln basiert auf Reziprozität – also auf Gegenseitigkeit. Zeigen Sie Interesse, Wohlwollen oder guten Willen, so werden Sie bei Ihrem Gegenüber sehr wahrscheinlich auf ein ähnliches Verhalten stoßen. Eine optimistische und aufgeschlossene Haltung vergrößert die Chance, bei anderen eine ähnliche Reaktion auszulösen. So wie wir jemanden behandeln, reagiert dieser darauf. Ganz nach der Volksweisheit „Wie man in den Wald hineinruft, so schallt es heraus".

Um aufgeschlossen auf andere zugehen zu können, hilft es also, sich von seiner besten Seite zu zeigen und möglichst wenig vom anderen zu erwarten – und wenn, dann nur Gutes! Das heißt allerdings nicht, dass Sie immer auf Sympathie und Gegenliebe stoßen werden – dafür sind menschliche Beziehungen zu komplex. Das Beste zu erwarten, bedeutet vor allem, zu lernen, geduldig zu sein sowie mit Reibungen und Rückschlägen umzugehen.

Eine zuversichtliche Haltung hilft uns zum einen dabei, nicht zu viel von uns selbst zu erwarten und somit offen auf andere zugehen zu können, zum anderen bewahrt sie uns davor, bei negativen und frustrierenden Erfahrungen den Kopf in den Sand zu stecken und uns wieder in unserer Komfortzone zu verkriechen.

So üben Sie sich in Geduld

Sich in Geduld zu üben, klingt plausibel und löblich. Was sich da aber theoretisch so einfach liest, ist in der Umsetzung gar nicht so leicht. Es gibt Situationen, die selbst den Geduldigsten unter uns zusetzen: Das bange Warten auf eine Arztdiagnose, der Wutanfall des zweijährigen Sohnes mitten im Supermarkt oder die sechzigste Absage auf unsere Bewerbung. Darauf zu warten, dass man die richtigen Menschen trifft oder dass aus einer Bekanntschaft bald eine Freundschaft wird, ist da keine Ausnahme.

Dabei hängt es von uns ab, wie wir eine Situation bewerten und somit auch, wie geduldig wir sie aushalten können. Die gute Nachricht ist, dass wir unsere Fähigkeit, uns in Geduld zu üben, verbessern können. Es ist wie beim Sport: Einige Menschen sind von Natur aus sportlich und andere weniger, aber selbst die unsportlichste Person kann trainieren und ihre Fitness verbessern, egal auf welchem Level sie startet.

Es gibt viele Faktoren, die darüber bestimmen, mit welcher (Un-) Ruhe wir auf unerwartete Situationen und Rückschläge im Leben reagieren. Einer davon liegt in unserer Persönlichkeit. Untersuchungen zufolge haben Menschen, die offen für neue Erfahrungen sind, tendenziell mehr Geduld als solche, die Routinen bevorzugen. Aber auch Gewohnheiten, die wir entwickeln, um beispielsweise unsere Emotionen zu regulieren, beeinflussen unsere Fähigkeit, geduldig und ausgeglichen zu reagieren. Mithilfe des Zürcher Ressourcen Modells (siehe Seite 106) habe ich mir zum Beispiel einen Wenn-dann-Satz für das Zusammentreffen mit schwierigen Menschen zur Gewohnheit gemacht: „Wenn ich auf schwierige Menschen treffe, dann stelle ich mir vor, ein Brückenpfeiler in einem Fluss zu sein. Dabei lasse ich den Unrat (zum Beispiel ärgerliches Geschwätz) wie Blätter rechts und links an mir vorbeiziehen."

Ein weiterer wichtiger Faktor in Bezug auf Geduld sind unsere Erwartungen: Je höher sie sind, desto wahrscheinlicher warten wir mit großer Ungeduld. Auch die Situationen selbst sowie körperliche Aspekte wie Müdigkeit, Krankheit, Hunger oder Stress können einen Einfluss auf unsere Ausgeglichenheit haben. Reagieren wir auf den morgendlichen Stau auf dem Weg zur Arbeit mit Ungeduld, dann bedeutet das nicht automatisch, dass wir grundsätzlich ungeduldig sind. Je nach

Stimmungslage kann sich unsere innere Ruhe und Gelassenheit und damit unsere Geduld verändern.

UNGEDULD IST UNGESUND

Bereits in den 1980er-Jahren fanden Forscher heraus, dass ein Übermaß an Ungeduld zu Reizbarkeit und einem höheren Risiko für Herzprobleme führen kann. Eine Studie aus dem Jahr 2016 lässt sogar vermuten, dass zu viel Ungeduld den Alterungsprozess beschleunigt.

Geduld hingegen steht mit positiven Aspekten wie Lebenszufriedenheit, Selbstwertgefühl, Selbstkontrolle und Durchhaltevermögen in Verbindung. Wenn wir geduldig sind, dann sind wir ruhiger, sodass wir leichter den Überblick behalten. Wir behalten die Kontrolle und können besser entscheiden, wie wir handeln möchten.

Ungeduld ist allerdings nicht per se negativ oder vergeudete Energie. Sie hat auch eine gute Seite, denn sie zeigt, dass Ihnen etwas wichtig ist. Stellen Sie sich Ihre Geduld wie eine Waage vor: Reagieren Sie ruhig angesichts von Widrigkeiten, Frustrationen oder Leiden, dann sind Sie in Ihrer Balance. Sie können mit kühlem Kopf die Situation beurteilen und haben genug Energie, um eine kreative Lösung zu finden. Bei einem Übermaß an Ungeduld schlägt die Waage hingegen aus: Der Mangel an innerer Ruhe löst Stress aus, beeinträchtigt das Denkvermögen und führt zu ungewollten Überreaktionen.

Aber auch ein Übermaß an Geduld lässt die Waage ausschlagen. Hier stellt sich ein Gefühl von derart stoischer Ruhe ein, dass Sie sich von der Situation lösen – Sie reagieren gar nicht mehr, entziehen sich der Lösungsfindung und entwickeln eine gewisse Gleichgültigkeit. Nehmen Sie einen Streit als Beispiel: Wenn Sie ruhig und geduldig reagieren, dann können Sie zuhören, Lösungen ansprechen und die Hitzigkeit aus der Diskussion nehmen.

Wie bei vielen Dingen im Leben ist es also auch bei der Geduld wichtig, das richtige Maß zu finden. Achten Sie auf Ihre mentale Gesundheit und versuchen Sie, sich nicht von Kleinigkeiten aus der Ruhe bringen zu lassen. Passen Sie jedoch auf, dass Sie Ihre negativen Emotionen nicht völlig unterdrücken und dadurch langfristig abstumpfen.

In wenigen Schritten zu mehr Geduld

1. Beobachten Sie sich: Finden Sie heraus, wann Sie ungeduldig sind und welche Emotionen Sie in diesen Momenten spüren. Was genau nervt Sie, wenn Sie in einer Warteschleife hängen? Fühlen Sie sich immer unwohl, wenn Ihr Zug Verspätung hat, oder nur unter bestimmten Umständen? Gibt es eventuell Muster oder Vorläufersignale?
   Wenn wir wissen, was uns stresst, können wir rechtzeitig gegensteuern. An einem Tag, an dem Sie unausgeschlafen und damit vielleicht weniger gut gelaunt sind, sollten Sie nicht bei einer Hotline anrufen. Wenn Sie nach der Arbeit noch einkaufen müssen, sollten Sie nicht auf den letzten Drücker das Büro verlassen. Wenn-dann-Pläne (siehe Seite 117) können dabei helfen, ungeliebten Stressroutinen den Garaus zu machen.
2. Akzeptieren Sie, was Sie nicht ändern können: Es ist hilfreich, sich immer wieder bewusst zu machen, dass die Dinge manchmal eben so sind, wie sie sind. Zudem lohnt sich die kurze Frage: „Ist das Ganze tatsächlich so wichtig, wie es mir scheint?“ Die Situation realistisch zu betrachten, sorgt automatisch für Erleichterung und Entspannung.
   Versetzen Sie sich zudem in die Lage der anderen, um geduldiger reagieren zu können. Bei vielem, was in uns Ungeduld auslöst, geht es gar nicht um uns: Der Zug bleibt nicht absichtlich im Tunnel stecken, der Kollege verpasst die Frist nicht, um Sie zu ärgern, und der Friseur hat nicht deswegen erst in zwei Wochen einen Termin frei, weil er andere Kunden bevorzugt. Es liegt an Ihnen, ob

Sie die Situation als das Ende der Welt betrachten oder ob Sie sich dazu entschließen, die Ruhe zu bewahren.

3. Denken Sie an Ihr Hauptziel: Natürlich zehrt es an den Nerven, wenn man zum x-ten Mal zu einer Vereinssitzung geht und noch immer nicht so richtig Kontakt geknüpft hat. Dennoch sind Sie Ihrem übergeordneten Ziel nähergekommen, nämlich Ihren Radius zu erweitern, aktiv zu sein und neue Leute kennenzulernen. Sich immer wieder die eigenen Prioritäten vor Augen zu führen, bringt Sie durch so manche Durststrecke.
4. Üben Sie sich in Dankbarkeit: Versuchen Sie, sich auf die Dinge zu konzentrieren, die gut laufen, anstatt sich über etwas zu ärgern, das Sie nicht ändern können. Vielleicht nervt Sie die Flugverspätung, die Sie einen halben Urlaubstag kostet, aber immerhin können Sie verreisen. Möglicherweise stört Sie die langsame Kassiererin, die mit jedem Kunden schwatzt, aber immerhin nimmt sie jeden Kunden – auch Sie – bewusst wahr. Dankbarkeit ändert nichts an Ihrer Situation, aber sie hilft Ihnen dabei, ruhig zu bleiben und sich auf das Positive zu konzentrieren.
5. Entspannen Sie sich: Reisen Sie gedanklich in Ihren Körper und finden Sie heraus, wo Ihre Ungeduld sitzt. Atmen Sie flach? Krampft sich Ihr Magen zusammen? Konzentrieren Sie sich so genau wie möglich auf diese Empfindungen, und dann versuchen Sie, diese loszulassen. Sehr hilfreich ist hierbei eine bewusste, tiefe Bauchatmung.

   Eine Studie aus dem Jahr 2017 ergab, dass Achtsamkeitsmeditation die besondere Art von Sorge ausgleichen kann, die auftritt, wenn wir auf etwas warten müssen. Meditation baut Stress ab, macht Angstzustände kontrollierbar und fördert unser emotionales Wohlbefinden. All das verbessert unsere Geduld. Das Schöne dabei: Meditieren kann man jederzeit, und Achtsamkeitsübungen sind überall möglich, sogar in überfüllten Zügen.
6. Achten Sie auf genügend Schlaf: Müdigkeit stresst und kann Wutgefühle verstärken. Wenn wir unausgeschlafen sind, ist die Wahr-

scheinlichkeit höher, dass wir gereizt reagieren. Was uns sonst nicht weiter berührt, geht uns dann gehörig auf die Nerven. Achten Sie also auf ausreichend Erholung, um Ihre Geduldsreserven aufzufüllen und Ihre innere Widerstandsfähigkeit zu stärken.

7. Bewegen Sie sich: Oftmals fühlen wir uns noch nervöser und ungeduldiger, wenn wir sitzend warten müssen. Stehen Sie also – sofern möglich – auf, gehen Sie ein paar Schritte und dehnen Sie sich. Bewegung baut Stress ab und hilft uns dabei, uns zu entspannen und in schwierigen Situationen einen kühlen Kopf zu bewahren.
8. Werden Sie langsamer: Das klingt vielleicht zunächst paradox – bewusst langsamer zu werden in einer Welt, in der alles schnell gehen muss. Wenn aber Stress und Hetzerei zu Ihrer Standardeinstellung geworden sind, lohnt sich ein bewusstes Abbremsen.
   Springen Sie morgens nicht gleich aus dem Bett, sondern etablieren Sie ein ruhiges Morgenritual, zum Beispiel in Ruhe Ihren Kaffee zu trinken. Seien Sie öfter einmal offline, machen Sie Pausen und entspannen Sie sich (siehe Punkt 5). Oftmals sind es die kleinen Dinge im Leben, die Kraft, Freude und Ruhe schenken – und die wir durch unsere Ungeduld nur allzu leicht übersehen.

Denken Sie daran, dass es ein Prozess ist, sich in Geduld zu üben, der nicht über Nacht stattfinden wird. Freuen Sie sich über jede Zwischenetappe. Auch für einen Marathon muss man intensiv trainieren, bevor man die 42 Kilometer schafft.

So bleiben Sie mental stark

Manchmal geht dann doch etwas schief. Man hat sich angestrengt, viel – vielleicht sogar alles – gegeben, das Beste erwartet und findet sich letzten Endes auf dem Hosenboden wieder. Vielleicht hatten wir Pech, vielleicht haben wir es vermasselt, in jedem Fall sollte es scheinbar nicht sein.

Es ist menschlich, nach positiven Erlebnissen zu streben und Unangenehmes wenn möglich zu vermeiden. Dennoch können auch negative Erfahrungen dazu beitragen, unser persönliches Maß an Glück und Zufriedenheit zu erhöhen. Wissenschaftliche Studien zeigen, dass selbst einschneidende Erlebnisse uns nicht in die Knie zwingen müssen. Jede Erfahrung – von kleinen Streitereien mit der Freundin bis hin zum Verlust eines geliebten Menschen – hat das Potenzial, uns einen tieferen Sinn für unser Leben finden zu lassen. Der Schlüssel hierzu ist die Art und Weise, wie wir mit dem Erlebten umgehen.

Der Weg zu mehr Zuversicht führt in erster Linie über positive Emotionen. Suchen Sie also bewusst und am besten täglich nach emotional positiven Momenten. Dabei geht es nicht um das große Gefühlskino oder bahnbrechende Ereignisse, sondern vielmehr um das bewusste Erleben und Auskosten kleiner Dinge, wie mit jemandem zu lachen, sich für andere zu freuen oder Dankbarkeit zu zeigen. Mit dem dabei produzierten Dopamin verknüpfen und stärken wir in unserem Gehirn die entsprechenden Schaltkreise, die die Basis für unsere Zuversicht bilden und langfristig für ein mental starkes Gemüt sorgen.

Aus negativ wird positiv

Sobald Sie Ihre allgemeine Zuversicht gestärkt haben, können Sie damit beginnen, bei negativen Ereignissen innezuhalten und zu versuchen, das Positive in ihnen zu sehen. Das bewahrt Sie davor, in eine Gedankenspirale abzurutschen, sich als Opfer der Umstände zu sehen und im schlimmsten Fall in alte Gewohnheitsmuster zu verfallen. Indem Sie das negative Erlebnis bewusst und aktiv reflektieren und lernen, damit umzugehen, können Sie sich selbst und Ihre Situation besser verstehen. Das hilft Ihnen dabei, wieder ins Gleichgewicht zu kommen sowie neuen Sinn und neue Zufriedenheit zu finden.

Fragen Sie sich daher zunächst, wie die Erfahrung Sie verändert hat. Was haben Sie gelernt? Wer sind Sie heute? Es gibt kein Scheitern und kaum einen Verlust, aus dem man nicht lernen kann. Indem Sie sich damit befassen, wie sich die Ereignisse auf Sie und Ihr Leben ausgewirkt haben, und indem Sie diese Erkenntnisse in Ihr neues Ich integrieren, schaffen Sie ein größeres Sinngefühl.

Um einer vermeintlichen Fehlentscheidung Bedeutung zu verleihen, lohnt es sich zu überlegen, was wir daraus gelernt haben und was wir beim nächsten Mal besser machen können. Das Ende einer Freundschaft kann dazu führen, dass wir künftig Freunde auswählen, die uns so akzeptieren, wie wir sind. Ein Haushaltsunfall kann uns lehren, in Zukunft auch bei Routineaufgaben aufmerksamer zu sein. Eine Krankheit wegen Übergewicht kann uns zu einem gesünderen Ernährungsstil motivieren.

Hierbei geht es nicht darum, sich mit „Was wäre, wenn“ und „Hätte ich nur“ zu quälen, sondern ein besseres Verständnis für die aktuelle Realität zu entwickeln. Das Nachverfolgen und Zusammensetzen von Erlebnissen – was wann warum passiert ist und wie es zum Jetzt geführt hat – ist ein wichtiges Mittel, um Erfahrungen zu verstehen. So werden auch negativen Erlebnisse zu einem Teil des Gesamtbildes.

Auch Ehrfurcht kann dazu beitragen, den Lebenssinn zu fördern. Ehrfurcht ist ein Gefühl der Ergriffenheit, der Hochachtung und des Berührtseins. Sie kann durch ein positives Erlebnis erzeugt werden (wie die Schönheit der Natur), aber auch durch negative Ereignisse (zum Beispiel einen Schicksalsschlag). Sie verändert unsere Perspektive und hilft uns dabei, offener für Lernerfahrungen zu sein und zu erkennen, was wirklich wichtig ist.

Humor ist das Stichwort

Zwei weitere Wunderwaffen, um mental stark und zuversichtlich zu bleiben, sind Humor und Lächeln! Wer lacht, lebt gesünder – das gilt für Körper und Geist. Humor erleichtert den Umgang mit schwierigen Situationen, reguliert negative Emotionen und hilft uns dabei, kreative Lösungen zu finden.

Wer lacht, kann eingefahrene Denkmuster verlassen und hat die Möglichkeit, Probleme aus einer anderen Perspektive zu betrachten und somit souveräner mit negativen Erfahrungen umzugehen. Lachen ermöglicht Selbstreflexion, was heilend wirken und Angst oder Unsicherheiten reduzieren kann. Wenn wir lachen, wird zudem das Glückshormon Dopamin ausgeschüttet, das für Freude, Entspannung und Euphorie sorgt.

William Fry, ein emeritierter Medizinprofessor an der Stanford University, konnte in zahlreichen Studien belegen, dass eine humorvolle Einstellung präventiv gegen seelische und körperliche Erkrankungen wirken kann. Für Frey, der als Gründer der Gelotologie (Lachforschung) gilt, gehört Humor zu den wirksamsten Mitteln zur Vorbeugung von Herzkrankheiten, Krebs, Depressionen und anderen stressbezogenen Krankheiten.

Lächeln bewirkt eine positive Rückkopplung zwischen der Gesichtsmuskulatur und dem Gehirn und gibt dem Geist das Signal „Ich fühle mich gut“. Man nennt dieses Phänomen *Facial Feedback*. Experimente zeigen, dass dies auch mit einem aufgesetzten Lächeln funktioniert. Ähnlich wie ein echtes Lächeln beschleunigt es die Erholung nach einer stressigen Erfahrung. Dies gilt jedoch nur für kurzfristigen Stress. Ein ständiges Vortäuschen von Emotionen, die man nicht wirklich empfindet, kann kontraproduktiv sein.

ATMEN UND LÄCHELN

Thích Nhất Hạnh, ein buddhistischer Mönch aus Vietnam, beschreibt in seinem Buch „Ich pflanze ein Lächeln" verschiedene alltagstaugliche Übungen, mit denen man sein Leben achtsamer und freudvoller gestalten kann. Eine zentrale Botschaft ist die Empfehlung, immer wieder bewusste Atempausen zu machen und dabei folgende Sätze zu sagen: „Beim Einatmen schenke ich mir Ruhe. Beim Ausatmen lächle ich."

Thích Nhất Hạnh empfiehlt, die Sätze vollständig und laut auszusprechen. So ist das Denken mit dem Inhalt und der Körper mit der Umsetzung beschäftigt. Ablenkungen finden dabei keinen Platz – innere Ruhe kann sich ausbreiten.

Lachyoga, Humortrainingsprogramme oder Lachtherapien bieten weitere professionelle Möglichkeiten, um sich in Humor zu üben. Unterstützen kann auch das Anlegen einer „Humorbibliothek": Darin befinden sich Ihre liebsten Witze und alle Bücher, Videos, Podcasts usw., die Ihnen gute Laune machen und Sie zum Lachen bringen.

Lachen ist zudem – ähnlich wie Gähnen – ansteckend. Sofern beim (Gruppen-)Lachen nicht jemand durch Auslachen ausgegrenzt wird, hat Lachen eine sehr soziale Funktion. In der Humorforschung spricht man unter anderem von verbindendem Humor.

So gehen Sie mit Ablehnung und Kritik um

Ablehnung und Zurückweisungen sind schmerzhaft, gehören aber zu zwischenmenschlichen Beziehungen dazu. Selbst wenn wir alles richtig machen, beherzt und mutig handeln und unser Bestes geben, kann es passieren, dass wir nicht mit dem erhofften Erfolg belohnt werden.

Unsere Bemühungen können uns leider nicht vor Enttäuschungen bewahren – einen Korb am Ende einer Verabredung, nicht zur Party eines Freundes eingeladen zu werden, die Bekannte, die den Kontakt einstellt, eine Handlung, die kritisiert wird, usw.

ABLEHNUNG TUT WEH!

Hirnforscher haben herausgefunden, dass Ablehnung und Zurückweisung dieselben Hirnregionen aktivieren und ähnlich intensiv wahrgenommen werden wie körperlicher Schmerz. 2011 verblüffte eine Studie, die zeigte, dass Schmerzen, die entstehen, wenn man sich mit heißem Kaffee verbrüht, den Schmerzen ähneln, die wir empfinden, wenn wir das Bild eines ehemals geliebten Menschen anschauen, der uns verlassen hat. Gemäß einer weiteren Untersuchung nehmen wir Zurückweisung körperlich als gesunkene Temperatur wahr. Uns wird kalt, wenn uns jemand sprichwörtlich die kalte Schulter zeigt!

Es gibt Menschen, die eine Abfuhr locker wegstecken. Die meisten haben jedoch Schwierigkeiten, mit Ablehnung umzugehen, sich davon zu erholen und wieder ins innere Gleichgewicht zu kommen. Sicherheit ist ein grundlegendes menschliches Bedürfnis, und wenn es verletzt wird, kommt alles ins Wanken. Wir beginnen, an uns und unseren Entscheidungen zu zweifeln.

Dabei können wir nicht beeinflussen, was jemand über uns denkt oder sagt. Nicht alle Beziehungen funktionieren, nicht jede Begegnung verläuft gut. Wir können uns allerdings bewusst entscheiden, ob wir uns in der Gedankenspirale weiter nach unten oder lieber nach oben bewegen wollen. Mit etwas Abstand können wir der negativen Erfahrung etwas Positives abgewinnen. Jede Erfahrung – ob gut oder schlecht – formt unsere Persönlichkeit und bringt uns als Mensch voran.

Selbstvertrauen ist hierbei ein wichtiger Schlüssel. Einfache Achtsamkeitsübungen können Ihnen dabei helfen, Ihr Selbstvertrauen zu stärken. Schreiben Sie jeden Tag zwei oder drei Dinge auf, die Sie gut gemacht haben und auf die Sie stolz sind. Haben Sie dabei vor allem ein Auge für die vermeintlich kleinen Dinge, wie zum Beispiel, dass Sie ein Projekt pünktlich abgegeben haben oder jemand Ihr Essen gelobt hat.

Machen Sie sich zudem bewusst, dass die Kritik Ihres Freundes nur eine Erfahrung unter vielen ist und dass sie keine Aussagekraft über Sie oder Ihr bisheriges Leben hat. Wenn wir niedergeschlagen sind, stellen wir gerne alles infrage und verallgemeinern das Schlechte. Eine abgesagte Verabredung wird zu „Niemand liebt mich", ein gut gemeinter Verbesserungsvorschlag zu „Ich bin ein Versager".

Wichtig ist auch, dass Sie auf Ihren inneren Dialog achten. Bei Ablehnung kann es passieren, dass wir viel zu hart mit uns ins Gericht gehen, dem anderen recht geben und uns selbst zur Schnecke machen. Niederschmetternde Gedanken wie „Ich bin zu blöd" oder „Ich würde mich auch nicht mögen" ziehen uns weiter runter, und in unserem Kopf spielen wir die unangenehme Situation immer wieder durch. Dadurch wird das Gefühl des Verletztseins am Leben gehalten und nimmt einen immer größeren Raum ein.

Bevor die negativen Gedanken Überhand nehmen, versuchen Sie, Distanz zu schaffen. Folgender Wenn-dann-Plan kann Ihnen dabei helfen: „Wenn mich eine Situation belastet, dann atme ich mehrmals tief in den Bauch ein und aus und stelle mir vor, wie ein Adler über ihr zu kreisen."

Vielleicht war die Aussage, die Sie als verletzend empfinden, gar nicht so gemeint? Oft stellt sich heraus, dass eher ein Thema abgelehnt wird, und nicht Sie als Person. Nehmen Sie das Ganze also nicht persönlich und erlauben Sie sich, loszulassen. Jedes Gefühl hat seine Berechtigung, und es ist vollkommen in Ordnung, sauer zu sein und sich über die Zurückweisung zu ärgern. Erlauben Sie sich Ihr Gefühl, aber erinnern Sie sich daran, dass es nur ein Gefühl ist und dass es wieder vergeht.

Kleine Übungen für den Notfall

Sie hatten ein negatives Erlebnis, bekamen ein harsches Feedback oder plagen sich mit Frust und schlechter Laune? Das passiert uns allen, und wir können uns solchen Momenten leider nicht entziehen. Meistens vergeht das schlechte Gefühl mit der Zeit zum Glück von selbst. Wenn nicht, dann finden Sie im Folgenden ein paar kleine Tricks, um dem negativen Sog zu entkommen und Ihre Laune zu heben:

- Schaffen Sie Distanz: Eine einfache Sofortlösung ist, einen Schritt zurückzutreten – mental oder sogar physisch. Zählen Sie dabei im Stillen bis fünf, wenn Sie mögen in Verbindung mit Ihrem Atem. Entscheiden Sie sich danach bewusst dafür, sich besser zu fühlen, und nehmen Sie eine entsprechende Körperhaltung ein.
- Machen Sie eine Fünf-Minuten-Meditation: Suchen Sie sich einen ruhigen Ort, schalten Sie Ihr Handy auf lautlos und stellen Sie den Timer auf fünf Minuten. Setzen Sie sich auf einen Stuhl, stellen Sie Ihre Füße nebeneinander auf den Boden und legen Sie die Hände mit den Handflächen nach oben auf Ihre Oberschenkel. Lockern Sie die Schultern, neigen Sie das Kinn ganz leicht zur Brust und schließen Sie die Augen. Lenken Sie nun Ihr Bewusstsein auf Ihren Atem. Sie können auch stärkende Sätze wiederholen, zum Beispiel „Ich lasse Gutes in mein Leben“ beim Einatmen und „Ich lasse los, was mir nicht guttut“ beim Ausatmen.

- Finden Sie heraus, was der Auslöser war: Überlegen Sie, was Sie getan und gedacht haben, als Sie anfingen, sich frustriert oder schlecht zu fühlen. Je besser wir wissen, welche typischen inneren und äußeren Anzeichen oder Rahmenbedingungen unsere Laune sinken lassen, desto besser können wir Gegenmaßnahmen ergreifen. Zu den typischen Vorläufersignalen gehören zum Beispiel Müdigkeit, Hunger, Schmerzen, Lärm, Verspätungen oder bestimmte Verhaltensweisen von anderen. Sobald Sie Ihre individuellen Auslöser kennen, können Sie über Lösungen nachdenken und sie mit einem Wenn-dann-Plan verankern (siehe Seite 117).

„Mach es wie die Sonnenuhr, zähl die heiteren Stunden nur.“ So lautet ein bekanntes Sprichwort, das dazu ermuntert, den Fokus auf das Schöne zu richten. Sicher, es scheint nicht immer die Sonne, aber Wolken und Regen haben auch ihr Gutes: Sie können die ersehnte Abkühlung bringen und spenden Wasser. Zudem lässt sich die Sonne nach grauen Regentagen viel mehr genießen.

Lassen Sie sich also nicht entmutigen, wenn es mal nicht so läuft, wie Sie es erwartet haben. Einsamkeit zu überwinden und Freunde zu finden, braucht Zeit, also seien Sie geduldig mit sich. Sie haben nun einige Werkzeuge an der Hand, die Ihnen dabei helfen können, aus Ihrem Kokon zu schlüpfen und neues Glück in Ihr Leben zu lassen. Nur Mut, Sie schaffen das!

NUR MUT

Lieber Leserin, lieber Leser,

wenn ich rückblickend auf die Wochen und Monate schaue, in denen ich mich mit den Inhalten dieses Buches beschäftigt habe, dann scheint es mir wie eine Vorbereitung auf das, was jetzt meine Realität ist. Seit dem 9. Mai 2021 ist mein Leben ein anderes. Es ist nichts mehr so, wie es einmal war.

Als ich mich mit den verschiedenen Facetten, die zu Einsamkeit führen oder diese verstärken, beschäftigt habe, waren auch Tod und Trauer Themen, über die ich überlegte zu schreiben. Mir war jedoch intuitiv klar, dass diese Themenfelder viel zu groß und tiefgründig sind, um sie in dieses Buch aufzunehmen. Das bedarf einer separaten und sehr genauen Bearbeitung.

Am 9. Mai 2021 starb meiner Mann Lawrence unvermittelt und ohne Vorwarnung. Auf einer leichten Wanderung am Urnersee bei wunderschönem Wetter hörte sein Herz plötzlich auf zu schlagen. Was ich gleich vor Ort und Wochen danach erfahren durfte, waren nicht nur Ohnmacht, Fassungslosigkeit und eine erschöpfende, ausufernde Trauer, sondern auch viel Mitgefühl und Liebe.

In der Nacht von Lawrences Todestag hatte ich einige lichte Momente zwischen all dem Chaos und der tiefen Verzweiflung. Einer davon war, dass dieses Buch mir ein Gefährte für die kommenden Wochen und Monate sein würde. Nicht, weil ich durch die Fertigstellung abgelenkt sein würde, sondern weil vieles, was aus der Einsamkeit heraushilft, auch im Trauerprozess hilft. Ich stehe zwar noch ganz am Anfang meiner Trauer, aber ich erlebe und spüre ganz deutlich, wie mir das, worüber ich geschrieben habe, Trost spendet und eine Stütze sowie ein hilfreicher Lebensratgeber ist.

Ich beginne jeden Tag mit kleinen, zaghaften Schritten und ziehe je nach Stimmung und Bedürfnis Inhaltes des Buches zurate, die mir nicht nur helfen, mich nicht zu verkriechen, sondern mich zudem beruhigen und stärken. Mir beispielsweise in Momenten größter Not zu sagen, dass das nur ein Gefühl ist und es höchstens sieben Minuten andauert, hilft mir sehr dabei, es anzunehmen. Zu wissen, dass negative Gefühle okay sind und Trauer nun ein integraler Teil von mir ist, stärkt mich – so paradox es klingen mag – in meiner Zuversicht.

Alle Punkte im EASE-Programm sind wichtige und unterstützende Wegbegleiter für mich – allen voran *„Expect the Best!“*. Eine weitere wichtige Stütze in meinem Leben – schon vor Lawrences Tod – sind meine beiden ZRM®-Mottoziele. Sie dienen mir immer wieder als Kompass und bieten mir Orientierung. Sie helfen mir, mich auszurichten und bei mir zu bleiben – ob im Umgang mit Menschen, im Beruf oder bei der Umsetzung von Herzenszielen.

Liebe Leserin, lieber Leser, das Leben ist nicht immer einfach, und dennoch lohnt es sich, neugierig, zuversichtlich und offen zu bleiben. Haben Sie den Mut, mehr zu wagen und günstige Gelegenheiten am Schopf zu packen – kurzum beherzt „Ja!“ zum Leben zu sagen. Werden Sie zum Steuermann Ihres Lebensschiffs: Manchmal geht es im Zickzackkurs voran, hin und wieder kommt ein Sturm auf, und gelegentlich muss man die Wellen eben so nehmen, wie sie kommen.

Übernehmen Sie das Steuer und somit die Verantwortung für Ihr Leben. Gerne erst einmal in kleinen Einheiten – küstennah, auf vertrautem Terrain. Vertrauen Sie auf sich und auf das Beste. Unser Leben gewinnt an Lebendigkeit und Farbe, wenn wir uns für andere öffnen. Wenn wir eine echte Verbindung zu jemandem herstellen, jenseits des Kalküls, was uns der andere bringen könnte.

Haben Sie Geduld mit sich und anderen. Auf Menschen zuzugehen und sich ihnen zu öffnen, braucht Zeit. Es ist wie wenn zwei Musiker getrennt voneinander ein Musikstück eingeübt haben und nun zusammen spielen wollen. Jeder hat seine Interpretation verinnerlicht, und nun braucht es Zeit und Geduld, bis man einen gemeinsamen Takt und Stil gefunden hat.

Wagen Sie die Innenschau, selbst wenn manches zutage kommen sollte, was Sie nicht unbedingt optimal finden. Es braucht keine Rundumerneuerung, sondern Selbstliebe und Mitgefühl. Wenn Sie mit sich im Reinen sind, werden Sie Menschen anziehen, die zu Ihnen passen – und von denen braucht es nicht viele, um sich zugehörig und geborgen zu fühlen.

Niemand kann die in ihm angelegten Potenziale und Talente allein entfalten. Wir brauchen dazu Gemeinschaft. Es gibt so viele Gelegenheiten für wohltuende Begegnungen – lustige wie auch tiefgehende. Manche sind nur für den Moment, andere ermöglichen es anzuknüpfen, die Person wiederzusehen, eine Bekanntschaft oder auch Freundschaft aufzubauen.

Nehmen Sie sich immer mal wieder den Raum für ein Gespräch auf dem Markt oder an der Supermarktkasse. Fragen Sie Ihre Kinder bewusst, wie es ihnen in der letzten Zeit ergangen ist. Nehmen Sie sich Zeit für eine Unterhaltung am Abendbrottisch, statt Floskeln auszutauschen. Gehen Sie am Abend mit jemandem spazieren, anstatt sich von Netflix & Co berieseln zu lassen. Erzählen Sie einander Geschichten und Anekdoten aus dem eigenen Leben. Tauschen Sie sich mal wieder mit jemandem aus, den Sie lange nicht gesehen haben, und genießen Sie die Begegnung.

Ich wünsche Ihnen von Herzen gutes Gelingen, wohltuende Begegnungen und bereichernde Freundschaften.

Ihre

HERZLICHEN DANK

Ich möchte mich bei allen bedanken, die mir in dieser schweren Zeit beistehen, die mir ihre Zeit, ihr Mitgefühl und viel Liebe schenken und die dazu beigetragen haben, dass Sie, liebe Leserin, lieber Leser, dieses Buch nun in Ihren Händen halten können.

Ich danke Petra und Regina, die mir seit diesem schicksalhaften 9. Mai 2021 liebevoll zur Seite stehen. Von Herzen danke ich auch Dominique, Jeanette, Sandra & André, Franziska E., Franziska K., Peter und Tanja – eure mutmachende und unerschütterliche Unterstützung berührt mich tief und ist mir eine große Hilfe. Vielen Dank auch an all die herzensguten und lieben Menschen, die ich leider nicht alle nennen kann, die aber hoffentlich wissen, dass sie gemeint sind. Ihr seid wichtige Wegweiser und Gefährten auf diesem neuen Weg.

Ein großes Dankeschön auch an meine Familie, allen voran meiner Mutter Marianne, die auch erst kürzlich ihren Mann, meinen Vater, verloren hat. Ebenso danke ich meinem Bruder Sebastian wie auch meiner Familie in Venezuela und Florida, allen voran Lawrences Schwester Audrey und ihren Kindern sowie seinem besten Freund und Bruder im Geiste Jhonny.

Vielen Dank an Katja-Maria Koschate vom humboldt Verlag, die sofort Feuer und Flamme war, als ich ihr von meiner Buchidee erzählt habe, und die es ermöglicht hat, dass ich die Idee in die Tat umsetzen konnte. Vielen Dank auch, dass sie in den Endzügen des Buches so viel Verständnis für mich hatte und so geduldig mit meiner Situation umgegangen ist.

Ein großes Dankeschön auch an meine Lektorin Meike Key, die feinfühlig und gekonnt den Überblick bewahrt und das Beste aus meinem Manuskript rausgeholt hat.

Am allermeisten aber danke ich meinen Mann, Lawrence Alfredo Romero Vargas, für die wunderbaren gemeinsamen Jahre, die beständige Stärkung und Unterstützung, seine Zuversicht und Weisheit. Vor allem danke ich ihm für seine Liebe und wünsche mir sehr, dass ich sie in gleicher Weise an die Welt zurückgeben kann.

LITERATUR

Boothby, E. J., Cooney, G., Sandstrom, G. M., & Clark, M. S. (2018). The liking gap in conversations: Do people like us more than we think? Psychological Science, 29, 1742–1756. doi: 10.1177/0956797618783714

Brisch, K.H. (2013): Bindungsstörungen. Von der Bindungstheorie zur Therapie. Klett-Cotta, Stuttgart

Cacioppo J.T., Patrick, W. (2011): Einsamkeit. Woher sie kommt, was sie bewirkt, wie man ihr entrinnt. Spektrum Akademischer Verlag, Heidelberg

Campbell, K. u. a. (2015): Friendship chemistry: An examination of underlying factors. The Social Science Journal, 52/2, 239–247. DOI: 10.1016/j. soscij.2015.01.005

Coupland, J. (2003). Small talk: Social functions. Research on Language and Social Interaction, 36(1), 1–6. doi:10.1207/S15327973RLSI3601_1

Dogs, P. C., Poelchau, N (2017): Gefühle sind keine Krankheit, Ulstein, Berlin

Dunbar, R.I.M (2014): The social brian: Psychological underpinnings and implications for the structure of organizations. Current Directions in Psychological Science. 23/2, 109–114. DOI: 10.1177//0963721413517118

Glück, J. (2016): Weisheit – Die 5 Prinzipien des gelingenden Lebens, Kösel Verlag, München

Hall, H.A. (2018): How many hours does it take to make a friend?, Journal of Social and personal Relationships, https://doi.org/10.1177/0265407518761225

Halvorson, H. G. (2015): No one understands you and what to do about it. Harvard Business Review Press, Boston

Hautzinger, M. (2006): Wenn Ältere schwermütig werden. Hilfe für Betroffene und Angehörige. Beltz, Weinheim

Hall, H.A. (2018): How many hours does it take to make a friend?, Journal of Social and personal Relationships

Hartkemeyer, J., Hartkemeyer, M. (2006): Miteinander denken: Das Geheimnis des Dialogs. Klett-Cotta, Stuttgart

Hölzel, B. K. (2007): Achtsamkeitsmeditation: Aktivierungsmuster und morphologische Veränderungen im Gehirn von Meditierenden. Kumulativ-Dissertation zur Erlangung des Doktorgrades der Naturwissenschaften, Giessen

Kabat-Zinn, J. (1990): Gesund durch Meditation. Knauer Verlag München

Lewicki, R. J., Polin, B., Lount Jr., R. B. (2016): An exploration of the structure of effective apologies. Negotiation and Conflict Management Research, 9/2, 2016, 177–196

Mehl, M. R., Vazire, S., Holleran, S. E., & Clark, C. S. (2010). Eavesdropping on happiness: Well-being is related to having less small talk and more substantive conversations. Psychological Science, 21, 539–541.

Miller, G. (2011): Why loneliness is hazardous to your health. Science, 331, 138–140

Moreland, R. L., Beach, S.R.: Exposure effects in the classroom: The development of affinity among students, https://doi.org/10.1016/0022-1031(92)90055-O

Newall, N. E., Chipperfield, J. G., Clifton, R. A., Perry, R. P., Swift, A. U., & Ruthig, J. C. (2009). Causal beliefs, social participation, and loneliness among older adults: A longitudinal study. Journal of Social and Personal Relationships, 26(2-3), 273–290. https://doi.org/10.1177/0265407509106718

Potreck-Rose, F. (2018): Von der Freude, den Selbstwert zu stärken. Klett Cotta, Stuttgart

Potreck-Rose, F., Jacob, G. (2015): Selbstzuwendung, Selbstakzeptanz, Selbstvertrauen Psychotherapeutische Interventionen zum Aufbau von Selbstwertgefühl, Klett Cotta, Stuttgart

Rubin, K. (2014): On solitude, withdrawal, and social isolation. In: Coplan, R.C., Bowker, J.C. (Hg.): The Handbook of Solitude. John Wiley and Sons, Hoboken

Sani, F. u. a.(2015): Greater number of group identifications is associated with lower odds of being depressed: Evidence from a Scottish community sample. Social Psychiatry and Psychiatric Epidemiology, 50/2015, S. 1389–1397, doi:10.1007/s00127-015-1076-4

Saum-Aldehoff, T. (2015): Big Five. Sich selbst und andere erkennen. Patmos, Ostfildern

Saum-Aldehoff, T. (2020): Im Gefängnis der Einsamkeit, https://www.psychologie-heute.de/beziehung/40486-im-gefaengnis-der-einsamkeit.html

Schäfer, A. (2015): Gemeinsam glücklich. Psychologie Heute, 06/2015, S. 18–22

Schulz von Thun, F. (2010): Miteinander reden, Störungen und Klärungen. Rowohlt, Reinbek

Schwörer, B., Krott, N. R., & Oettingen, G. (2020). Saying goodbye and saying it well: Consequences of a (not) well-rounded ending. Motivation Science, 6(1), 21–33. https://doi.org/10.1037/mot0000126

Shaw, J. (2016): Das trügerische Gedächtnis – Wie unser Gehirn Erinnerungen fälscht. Carl Hanser Verlag, München

Spitzer, M. (2018): Einsamkeit. Die unerkannte Krankheit. Droemer, München

Stahl, S. (2014): Vom Jein zum Ja! Bindungsangst verstehen und lösen. Ellert & Richter, Hamburg

Storch, J., Morgenegg, C., Storch, M., Kuhl, J. (2016): Ich blicks. Verstehe dich und handle gezielt. Hogrefe Verlag, Bern

Storch, J., Weber, J. (2013): Wolf packt La(h)ma. Wie Sie die Dinge zügig anpacken und konsequent erledigen. Verlag Huber, Bern

Storch, J., Weber, J. (2012): Tigerblick trifft Himbeerlächeln. Wie Ihnen das Unbewusste hilft, lustvoll zu flirten. Verlag Huber, Bern

Storch, M. (2015): Machen Sie doch, was Sie wollen! Verlag Huber, Bern

Storch, M., Cantieni, B., Hüther, G., Tschacher, W. (2010): Embodiment. Die Wechselwirkung von Körper und Psyche verstehen und nutzen. Verlag Huber, Bern

Theiss, C., Storch, M. (2013): Bewegen Sie sich besser! Verlag Huber, Bern

Turkle, S. (2012): Verloren unter 100 Freunden. Wie wir in der digitalen Welt seelisch verkümmern. Riemann, München

Vohs, K. D., Aaker, J. L. & Catapano, R. (2018): It's Not Going to Be That Fun: Negative Experiences Can Add Meaning to Life. Current opinions in psychology.

Wesselmann, E.D. u. a. (2012): To be looked at as though air: civil attention matters. Psychological Science, DOI: 10.1177/0956797611427921

Zunick, P. V., Fazio, R. H. und Vasey, M. W. (2015). Directed abstraction: Encouraging broad, personal generalizations following a success experience. Journal of personality and social psychology, 109 (1), 1–19

Weiterführende Links

psytests.de – kostenlose Persönlichkeitstests von PSYTEST, einem Institut der Universität Göttingen

stereomood.com – Musik, die zur Stimmung passt bzw. die Stimmung aufhellt

zrm.ch und ismz.ch – mehr zum Zürcher Ressourcen Modell (ZRM®)

donothingfor2minutes.com – kostenlose, zwei-minütige Meditationen

meetup.com – Online-Plattform für Aktivitäten und zum Finden von Gleichgesinnten

Download der Arbeitsblätter unter: silkeweinig.com/arbeitsblätter

Beispiele von Daniela, Chris und Bettina www.silkeweinig.com/arbeitsblätter_beispiele

Neinsagen für Anfänger

- Kritischer und humorvoller Blick auf unser Harmoniebedürfnis und die Angst vor Kritik
- Für mehr Selbstbewusstsein und einen gelassenen Umgang mit Ablehnung und schwierigen Situationen
- Pragmatischer Ratgeber für Menschen, die nicht immer allen gefallen müssen

Stand 2022. Änderungen vorbehalten.

Nele Süß

Wege aus der Nettigkeitsfalle

192 Seiten
14,5 x 21,5 cm, Softcover
ISBN 978-3-86910-680-9
€ 19,99 [D] · € 20,60 [A]

Der Ratgeber ist auch als eBook erhältlich.

humboldt
...bringt es auf den Punkt.

Bibliografische Information der Deutschen Nationalbibliothek
Die Deutsche Nationalbibliothek verzeichnet diese Publikation in der deutschen Nationalbibliografie; detaillierte bibliografische Daten sind im Internet über https://dnb.de abrufbar.

ISBN 978-3-8426-4247-8 (Print)
ISBN 978-3-8426-4248-5 (PDF)
ISBN 978-3-8426-4249-2 (EPUB)

Originalausgabe

Die Ratgebermarke der Schlüterschen Fachmedien GmbH
Hans-Böckler-Allee 7, 30173 Hannover
www.humboldt.de
www.schluetersche.de

Lektorat: Meike Key, KeyTextwork, Cestas
Covergestaltung: ZERO, München
Covermotiv: Sutterstock/Sunward Art, Pogorelova Olga, Singleline
Illustrationen: stock.adobe.com – rikkyal
Satz: PER MEDIEN & MARKETING GmbH, Braunschweig
Druck und Bindung: gutenberg beuys feindruckerei GmbH, Langenhagen